Christian Mader

Vermisst

Christian Mader

VERMISST

Spektakuläre Fälle
im Visier der Fahnder

AMALTHEA

Die Namen (sowie weitere persönliche Daten) der abgängigen Personen und deren Angehörigen wurden zum Schutz der Betroffenen verändert. In den Fällen Julia Kührer, Natascha Kampusch, Elisabeth F(ritzl), Thomas Klinger, Romano Felice Klarfeld, Helmut Frodl sowie Frieda Wagner, die durch die umfassende Medienberichterstattung bereits als hinlänglich bekannt vorausgesetzt werden und nach wie vor in den Medien zu finden sind, wurde auf ein Alias verzichtet, ebenso bei Familie Ehmann, die sich mit einer expliziten Namensnennung einverstanden erklärt hat. Lubos Bednar und Gabriele Barta werden mit ihren tatsächlichen Namen genannt, in der Hoffnung, auf diesem Weg nach über 20 Jahren doch noch Licht in deren Verschwinden bringen zu können.

Für die Abdruckgenehmigung der im Buch zitierten Artikel und Interviews danken wir: ORF (S. 117ff.), Heute (S. 145) und Kronen Zeitung (S. 147ff.).

Besuchen Sie uns im Internet unter: www.amalthea.at

Umschlaggestaltung: Silvia Wahrstätter, www.vielseitig.co.at
Umschlagmotiv: © Can Stock Photo Inc./Nozyer (Teddy);
© Can Stock Photo Inc./CraigeJ (Brücke)
Satz: VerlagsService Dr. Helmut Neuberger & Karl Schaumann GmbH, Heimstetten
Gesetzt aus der 11,5/15,3 Pt Minion Pro
Printed in the EU
ISBN 978-3-85002-868-4

Dieses Buch widme ich Eva-Maria

… es macht Sinn, gemeinsam einen Weg zu gehen!

Inhalt

Vorwort *11*

Ungewöhnliche Fahndungen

Klara – Die Hölle auf Erden *16*

Thomas – Ein Grab im Nirgendwo *23*

Romano Felice – Ein Fall wie aus einem Kriminalroman *27*

Cold Cases als ungelöste Rätsel

Mirko – Game over *32*

Nicholas George – 007 in Wien *40*

Lubos – Entführung in ein besseres Leben? *48*

Gabriele – Kein roter Faden *53*

Hans – Der Traum vom Neuanfang *60*

Verloren und wiedergefunden

Harald – Keine Reise mit der Transsibirischen Eisenbahn *68*

Lisa – Ein folgenschwerer Irrtum *78*

Ioan – Die lange Reise *86*

Secil – Die roten Schuhe im Steinkreis *93*

Julia – Fünf Jahre und drei Tage Ungewissheit *99*

Manfred – Das verräterische Bild *106*

Marco – An der Hand ins Abenteuer *111*

Frieda – Wiedergefunden nach fünfzig Jahren *116*

Natascha – Momentaufnahmen einer Abgängigkeit *120*

Elisabeth – 24 Jahre lang Tochter, Geliebte und Gefangene *130*

Ingrid und Phillip – 102 Monate *140*

Spuren ins Ausland

Helmut – Die Hoffnung stirbt zuletzt *152*

John – Frühling in Wien *157*

Johannes – Der verlorene Sohn *161*

Flug 004 – Ein Grab im Dschungel *169*

Sylvia – Eine errechnete Abgängigkeitserklärung *177*

Gestern und Heute – Ein Zwischenwort *183*

Aktuelle Fälle im Visier der Fahnder

Michael – Ein aussichtsloser Kampf gegen die Gewissheit *186*

Offene Abgängigkeiten in Wien mit Stichtag 8. Oktober 2013 *190*

Anhang

Die wichtigsten Abkürzungen *198*

Dienststellen der österreichischen Polizei – Die Sicherheitspyramide *199*

Abgängigenfahndung in Österreich *200*

Chronologie einer Leichenidentifizierung – ein Beispiel *210*

Exemplarischer Obduktionsbericht *217*

Das Aufgebotsverfahren *222*

Ausgangssituation und Allgemeines zur Abgängigenfahndung *223*

Österreichisches Kompetenzzentrum für abgängige Personen – ein Interview *225*

Daten und Fakten *231*

Erste Schritte *233*

Information und Hilfe für Betroffene *235*

Quellen *238*

Vorwort

DEZEMBER 1978: Ich war 17 Jahre alt und saß in einem Eilzug! Ein gebürtiger Amstettner aus Niederösterreich, also ein sogenannter »Mostschädl«, befand sich auf dem Weg in die Weltstadt Wien, im Kopf nichts anderes als den großen Glauben an eine gerechte Welt! Welcher Berufswunsch hätte wohl hier den Nagel besser auf den Kopf getroffen, als Polizeibeamter werden zu wollen?

Ja, ich plante den kriminellen Elementen den Krieg zu erklären und … stellte es mir so ganz anders vor, als es tatsächlich werden würde!

Neben mir im Zug saß eine ganz nette, kokette Studentin, und wir kamen sehr bald ins Gespräch: »Was willst du werden? Polizist? Ach, aha, na ja … Na du weißt ja: Wer nichts kann, der geht zur Post, Polizei oder Eisenbahn!«

Und so begann meine Karriere als Polizeibeamter! Ich war hoch motiviert und zuversichtlich, ohne tatsächliche Vorstellung von der brutalen Welt »da draußen«.

»Büro für Erkennungsdienst, Kriminaltechnik und Fahndung«, so hieß meine erste Ausbildungsstätte bei der Bundespolizeidirektion Wien – Ausbildungsziel: Daktyloskopie, wobei es sich um eine Fachausbildung für die Auswertung von Fingerabdrücken handelt.

Eines der ersten Dinge, die ich im Büro sah, als ich dort ankam: die Schwarz-Weiß-Aufnahme einer männlichen Wasserleiche, deren Porträt im Format 70 x 50 cm in der Fotoabteilung über dem Kopiergerät hing! Die tote Person war aufgedunsen wie ein Luftballon, Kopf und Rumpf zu einem klobigen Gebilde verschmolzen, vom Hals keine Spur mehr! Dazu kam der mir immer noch in Erinnerung gebliebene süßliche Geruch der Entwicklungschemikalien, der tatsächlich den Verwesungsgerüchen von Leichen ähnelte.

Wenig später lauschte ich den Erzählungen eines meiner damaligen Vorgesetzten, eines Gruppenführers des Kriminaldienstes, der schilderte, wie sich ein Polizeibeamter vor einem Kriminellen niederknien musste und von diesem – nachdem er vergebens um sein Leben gebettelt hatte – mittels Kopfschuss regelrecht hingerichtet wurde. Na fein!

Und jetzt erzähle *ich Ihnen* etwas, und zwar Geschichten über Menschen, die plötzlich verschwinden, und über Tote, deren Identität niemand kennt.

Es handelt sich dabei um zwei Themen, die zwar schon in so manchem Buch abgehandelt wurden, das aber meist von Journalisten und Autoren, und nicht von einem Fahnder, der die Entwicklung der meisten dieser Fälle live miterlebt hat. Ich möchte die Welt der Abgängigenfahndung vor Ihnen ausbreiten, wie sie wirklich ist!

Grundsätzlich ist die Vorgehensweise bei Fahndungen natürlich in ganz Österreich dieselbe. Wir wissen aber: Wien ist anders! So hatte Wien als einziges Bundesland bis zum Jahre 2002 ein eigenes Referat, das sich mit verschwundenen Personen befasste: das Abgängigenreferat. Als dessen jahrelanger Leiter durfte ich dabei die ganze Palette von Abgängigkeitsfällen kennenlernen – von im Urlaub Verschwundenen bis hin zu den Opfern eines Mordes. Jetzt, viele Jahre später, ist das Abgängigenreferat längst Geschichte. Es wurde ein Opfer der vielen Reformen der nunmehrigen Landespolizeidirektion Wien.

Dass die Thematik der Vermisstensuche aktueller denn je ist, zeigen jüngere Geschehnisse, die in der Öffentlichkeit viel Aufmerksamkeit erregten und tiefe Einblicke in tragische Schicksale und menschliches Leid gewährten. Orte wie Pulkau, Strasshof und Amstetten bleiben der Öffentlichkeit wohl bis in alle Ewigkeit als Schauplätze einiger der größten Kriminalfälle unseres Landes in Erinnerung. Die tragischen Schicksale von Julia Kührer, Natascha Kampusch und der Familie Fritzl offenbarten einmal mehr, zu welchen grauenvollen Handlungen wir Menschen fähig sind. So unterschiedlich diese Fälle in ihren Abläufen auch waren, hatten sie doch eines gemeinsam: Sie begannen alle mit dem Verschwinden von Menschen und Abgängigkeitsanzeigen durch betroffene Angehörige! Die sterblichen Überreste von Julia Kührer wurden nach jahrelanger Suche durch Ermittler des Bundeskriminalamts mittlerweile endlich gefunden, ihr Mörder wurde im September 2013 zu lebenslanger Haft verurteilt. Natascha Kampusch ist endlich wieder ein freier Mensch, jener Mann, der ihr Jahre ihres Lebens gestohlen hatte, richtete sich selbst. Und auch im Fall Fritzl hat den Täter seine gerechte Strafe ereilt – seine Familie lebt heute unter neuen Identitäten fernab ihrer ehemaligen Heimat.

Die Fahndung nach abgängigen Personen empfand ich immer als faszinierende Gelegenheit, in die Gedankenwelt anderer Einsicht zu nehmen. Nur wem es gelingt, zu einer möglichen Handlung eines Menschen auch den wahrscheinlich auslösenden Faktor zu finden, und wer es schlussendlich auch vermag, die abgelaufenen gedanklichen Schlussfolgerungen eines spurlos Verschwundenen nachzuvollziehen und zu verstehen, wird die Geheimnisse von Abgängigkeiten lüften können!

Und ich bin überzeugt davon, dass Sie nach dem Lesen dieses Buches wissen, was Abgängigenfahndung tatsächlich ist! Fahndung – Philosophie – Seelsorge – Kriminalistik!

Lassen Sie nun also mit mir gemeinsam menschliche Schicksale Revue passieren. Versuchen Sie, die Empfindungen von sorgengepeinigten Menschen nachzuempfinden und die angsterfüllten Gefühle von Menschen zu verstehen, die gar nicht so weit abseits von Ihnen leben, ja vielleicht sogar Ihre Nachbarn sind!

Die nun folgenden Erzählungen und Schilderungen beruhen auf wahren Ereignissen, lediglich Namen, Wohnanschriften und sonstige Daten wurden in manchen Fällen zum Schutz der Betroffenen oder aus anderen persönlichen Gründen verändert und einige Situationen ein klein wenig abgewandelt. Der Ermittlungsstand zu den jeweiligen Abgängigkeiten (die Suche nach Vermissten ruht nie!) bezieht sich auf alle Erkenntnisse, die bis zum Herbst 2013 gewonnen werden konnten.

Es ist eine traumatische Erfahrung für die Seele eines Menschen, wenn er sich auf der Suche nach einer spurlos verschwundenen, geliebten Person befindet, und es ist oft sehr schmerzhaft, die Wahrheit erfahren zu müssen.

Wenn ich auch schon längst mit einer anderen Aufgabe betraut bin, ist der Fahnder in mir nie wirklich zur Ruhe gekommen. Viele meiner Fälle begleiten mich heute noch. Die Schicksale der Angehörigen und der Opfer werden immer ein Teil von mir sein. Ein Buch über abgängige Menschen ist nie fertig, nie ganz aktuell, weil das Leben seine eigenen Geschichten schreibt.

Ihr
Christian Mader

Ungewöhnliche Fahndungen

Manchmal muss man als Ermittler auch einen Weg abseits der üblichen Vorgehensweise beschreiten und bei vorstellbaren Szenarien um die Kurve denken. Erfahrungen, die man im Laufe seiner Tätigkeit bereits sammeln konnte, schön und gut, aber es gibt Fälle, bei denen man diese anwenden kann, so viel man will, und damit doch nicht weiterkommt.
Es ist wichtig, bei der Suche nach Vermissten flexibel zu sein, hin und wieder spontan »aus dem Bauch heraus« zu agieren und immer selbstbewusst seine Vorgehensweise zu verteidigen, falls darüber diskutiert werden sollte. Es folgen einige Abgängigkeiten, die ungewöhnlich begonnen haben, Maßnahmen abseits der Norm erforderten und überraschend endeten.

Klara - Die Hölle auf Erden

Klara sitzt zu Hause in ihrem Zimmer und weint. Die Uhr an der Wand tickt laut, unaufhaltsam vergeht Minute um Minute, während sich Klara immer einsamer fühlt und diese Leere in sich beinahe als körperlich schmerzhaft empfindet. Sie sehnt sich nach Zuneigung, doch alles, was sie erhält, wenn sie einmal nicht alleine sein muss, ist Lieblosigkeit und Kälte. Das Leben ist zu einer niemals enden wollenden Qual geworden, zur Hölle auf Erden, aus der es kein Entrinnen gibt.

Mit zittrigen Fingern wählt Klara schließlich eine Telefonnummer und hat innerhalb kurzer Zeit Herrn Weber am Apparat, dem sie all ihre Sorgen und Nöte anvertrauen kann. Wie nett, warm und beruhigend seine Stimme klingt, er muss wirklich ein ganz besonderer Mensch sein, denkt Klara. Die Telefonate, die sie etwa alle zwei Tage mit dem netten Mann führt, geben ihr Kraft und Zuversicht und lassen sie ihren Kummer zumindest für kurze Zeit vergessen.

Doch da hört Klara plötzlich Schritte vor ihrem Zimmer, schwere Schritte, die sich rasch nähern. Schnell flüstert sie: »Ich muss auflegen«, und beendet das Gespräch, als sich auch schon die Türe öffnet und ein bedrohlich großer Schatten auf ihr Bett fällt.

»Was machst du da schon wieder, Klara?«

Es war an einem Donnerstag Vormittag im Jahr 1999, als mich Herr Weber vom Kindertelefon anrief und mich um Unterstützung bei der Suche nach einem Kind bat, das zwar nicht vermisst, aber unauffindbar wäre, obwohl es seiner Meinung nach dringend Hilfe benötigte.

Er erzählte mir, dass bereits einen Monat lang zwei bis drei Mal pro Woche, immer etwa gegen 19 Uhr, ein ca. 13-jähriges Mädchen bei der Hotline anrief, das erzählte, dass es zu Hause misshandelt, mit Drogen vollgepumpt und zur Prostitution gezwungen würde. Klara, so hieß der Teenager, wollte ihren vollen Namen nicht nennen, und laut Herrn Weber klang ihre Stimme von Woche zu Woche verzweifelter. Er bat mich, das Kind zu suchen.

Aber das war nicht so einfach, ich besaß viel zu wenige Anhaltspunkte, um eine Ermittlung einzuleiten. Wen genau sollte ich suchen, und vor allem wo? Herr Weber beharrte auf seinem Wunsch, er meinte, das Mädchen würde vermutlich aus einer Telefonzelle in der Nähe eines Bahnhofes anrufen, da bei jedem Gespräch im Hintergrund neben erheblichem Straßenlärm auch an- und abfahrende Züge zu hören waren. Er zeigte sich enttäuscht, als ich erneut ablehnte, einen Einsatz zu starten. Ich machte ihm klar, dass ich nicht alle Telefonzellen in der Nähe von Bahnhöfen in Wien von Funkstreifen abfahren oder gar bewachen lassen konnte. Der besorgte Mann, selbst Familienvater, machte daraufhin den Vorschlag, Klaras Telefonnummer beim nächsten Anruf zurückzuverfolgen. Aber auch diese Maßnahme war nicht ohne Weiteres durchzuführen, da aufgrund der lückenhaften Informationslage mit dem für die Telefonüberwachung erforderlichen Gerichtsbeschluss nicht zu rechnen war.

Doch bevor Herr Weber noch auf dumme Ideen kam und selbst den Helden spielte, wollte ich mit ihm ausführlich über den Fall sprechen und bat ihn zu mir ins Büro. Ich wollte ihm meine schwierige Situation, die mir in vielerlei Hinsicht ein Eingreifen verbot und die Hände band, erklären und gemeinsam mit ihm eventuell machbare Schritte überlegen und planen. Und es war ja auch nicht komplett abwegig, dass es sich bei der ganzen

Aktion um einen Scherz handelte, das galt es ebenso zu bedenken und sollte als Erstes recherchiert werden.

Am Tag darauf saß mir ein sehr aufgeregter und wild entschlossener Kindertelefon-Mitarbeiter gegenüber und bat mich erneut dringend um meine Mithilfe. Ich machte Herrn Weber klar, dass er nur versuchen konnte, das Kind zu motivieren, zu ihm zu kommen. Das heißt, man müsste Klara beim nächsten Anruf davon überzeugen, dass ein persönliches Gespräch viel angenehmer und auch sinnvoller wäre, natürlich ohne sie dazu zu drängen oder Druck auszuüben.

Ich wollte noch wissen, ob das Mädchen wienerisch oder mit ausländischem Akzent sprach, und erfuhr, dass ihr Deutsch, mit örtlichem Akzent, einwandfrei wäre.

Mein nächster und zu diesem Zeitpunkt einzig möglicher Schritt war der zum Referat für Geheimprostitution und Menschenhandel (GM-Referat), um nachzufragen, ob den Kollegen dort ein Fall bekannt war, in dem eine Klara auftauchte – diese Spur verlief jedoch im Sand, kein einziger Akt enthielt einen Hinweis auf diesen Namen. Die Kollegen wollten aber bei zukünftigen Nachtstreifen ganz gezielt auf etwa 13-jährige Mädchen achten, die sich ohne Begleitung draußen aufhielten und sich in einem zwielichtigen Milieu bewegten.

Einige Tage später meldete sich Herr Weber und berichtete, dass Klara wieder angerufen hatte und es ihr etwas besser zu gehen schien. Ihr Vater würde in letzter Zeit angeblich weniger Alkohol trinken und sie daher auch weniger schlagen, und an die Arbeit am Strich hätte sie sich bereits gewöhnt. Der Kinderseelsorger hatte Klara gebeten, bald wieder anzurufen, da er noch immer nichts über ihren Aufenthaltsort in Erfahrung bringen konnte. Ein persönliches Gespräch lehnte das Mädchen ab. Herr Weber war erneut sehr aufgebracht und ich befürchtete immer noch, dass er im Alleingang unsinnige und vielleicht sogar gefährliche Maßnahmen ergreifen würde, wenn er mit seiner sanften Methode nicht bald weiterkam.

Klaras Geschichte beschäftigte mich also weiter. Was sollte man von ihren Schilderungen halten und wie war dieser Sachverhalt tatsächlich einzuschätzen? Konnte man davon ausgehen, dass es sich um einen Scherz handelte und die Sache daher einfach ignorieren? Aber daran wollte ich eigentlich nicht glauben ... Etwas an dieser Sache gefiel mir nicht – aber was war es ... dieses zu diesem Zeitpunkt noch nicht wirklich greifbare Etwas?

Ich besprach den »Fall Klara« mit unseren Spezialisten vom Prostitutionsreferat. Deren gezielte Ausschau auf den Nachtstreifen und Fragen nach einem 13-jährigen Mädchen hatten bis dahin keine Erkenntnisse gebracht. Aber konnte man den Informanten trauen? Und wie kamen wir bloß an dieses Kind heran?

Der Schlüssel zu Klaras Aufenthaltsort war schlicht das Mädchen selbst und das passende Schloss dazu das Kindertelefon. Wir mussten nun versuchen, den Schlüssel in das Schloss zu bringen. Das sollte die Aufgabe von Herrn Weber sein, dem Klara bereits vertraute. Ich besprach mit dem Seelsorger einige Techniken, die er anwenden konnte, um mehr aus dem Mädchen herauszubekommen und die Informationen zu erhalten, die wir so dringend benötigten, um tätig zu werden.

Einige Tage lang rief Klara dann nicht mehr an, als ob sie etwas ahnte. Herr Weber wurde unruhig. Ich bat ihn, Ruhe zu bewahren und ein wenig mehr Geduld zu haben. Allerdings verschwieg ich ihm, dass auch mich dieser Fall immer nervöser machte. Wir fanden nicht die kleinste Spur, die wir verfolgen hätten können. Darüber hinaus wusste niemand von uns, wie ernst die Sache mit Klara tatsächlich war, wie sehr dieses Kind vielleicht jede Stunde seines Daseins litt und das Gefühl hatte, von allen Menschen in seinem Leben im Stich gelassen worden zu sein.

Unser Kopfkino bekam bereits am Tag darauf einen neuen Film zum Abspielen: Herr Weber rief an und berichtete, dass sich das Kind erneut gemeldet und dabei gar nicht gut geklungen hätte – ihr Vater würde wieder mehr trinken, sie ständig schlagen und mittlerweile jeden Abend an fremde Männer verkaufen. Dann wäre schon nach fünf Minuten die Telefonverbindung abgerissen, was den Seelsorger verständlicherweise noch unruhiger machte. Aber dann nahm die Geschichte eine für mich völlig unerwartete Wendung: Der Mitarbeiter des Kindertelefons offenbarte mir überraschend, dass er Klara schon einmal getroffen hatte! Ja, einige Wochen zuvor war das Kind bei ihnen vermummt auf der Terrasse erschienen. Da es jedoch die Verkleidung nicht abgelegt hätte, so Herr Weber, wäre es ihm unmöglich gewesen, das Mädchen zu erkennen. Klara wäre etwa eine halbe Stunde und eine Tasse Tee später wieder gegangen, mit der Bitte, nicht verfolgt zu werden.

Ich ersuchte den Mann, den offensichtlich das schlechte Gewissen plagte, weil er mir diese Begegnung verschwiegen hatte, erneut zu versuchen, das Mädchen zu ihm zu locken. Die Kollegen vom Prostitutionsreferat würden dann einen Zugriff starten und dem Spuk ein Ende bereiten.

Schon zwei Tage später schien der Plan aufzugehen – Klara wollte gegen 22 Uhr in den Räumlichkeiten des Kindertelefons erscheinen. Sie betonte allerdings, dass es dunkel sein müsste, nicht nur außerhalb, sondern auch im Gebäude, wenn sie dieses betreten sollte, damit sie niemand erkennen würde.

Und dann war es endlich so weit – wir standen kurz davor, den »Fall Klara« zu lösen. Doch sie tauchte nicht auf, meldete sich auch nicht telefonisch, um ihr Fernbleiben zu begründen.

Wir hofften darauf, dass Klara wieder anrufen würde, und dann sollte Herr Weber das Mädchen erneut dazu überreden, sich beim Kindertelefon einzufinden. Vorerst hieß es nun aber wieder einmal abwarten.

Zwei Tage später hatte der Seelsorger Neuigkeiten für mich: »Klara hat sich gestern gemeldet und mir erklärt, warum sie nicht gekommen ist. Ihre Eltern wollten sie nicht aus dem Haus gehen lassen. Doch heute Abend wird sie kommen«, meinte er abschließend zuversichtlich.

Wie beim letzten Mal legten sich die Beamten des Prostitutionsreferats auf die Pirsch, und am nächsten Morgen las ich den Bericht meines Kollegen, den er offensichtlich noch in der Nacht getippt hatte:

Der Beamte Rainer W. und ich haben uns in unmittelbarer Umgebung des Treffpunkts postiert. Dieser befand sich nächst eines Gehsteigs und war von diesem durch einen kleinen, leicht übersteigbaren Gartenzaun getrennt. Es waren noch etliche Menschen unterwegs. Gegen 22 Uhr 15 schlenderte eine kleine, dunkelhaarige, etwas mollige Gestalt den Gehsteig entlang, ging aber mehrmals vor dem Treffpunkt auf und ab. Dann sprang die Person, bei der es sich offensichtlich um Klara handeln musste, ganz plötzlich über den Gartenzaun, während ich aus meinem Versteck kam und ihr nachlief. Ich versuchte, sie am Arm zu packen. Rainer blieb etwas zurück, um dem Mädchen, wenn erforderlich, den Rückweg abzuschneiden. Als ich zugriff, riss sich die Person los und versuchte tatsächlich zu flüchten. Sie sprang wieder über den Gartenzaun, stieß Rainer mit unglaublicher Wucht zur Seite und lief den Gehsteig entlang. Ich war schnell hinterher und bekam Klara neuerlich am Arm zu packen. Sie wehrte sich aus Leibeskräften und erweckte bereits erhebliches

Aufsehen: Passanten kamen herbei, fragten mich, warum ich dieses Mädchen festhalten würde und drohten, die Polizei zu rufen. Mittlerweile kam auch Rainer angespurtet und gab den Passanten zu verstehen, dass wir selbst von der Polizei waren. Unglaublich, welche Körperkraft dieses Mädchen entwickelte. Erst mit Rainers Hilfe gelang es mir endlich, die Person unter Kontrolle zu bringen und sie zu identifizieren.

Den Rest erzählte mir mein Kollege persönlich: »Als wir ihr dann ins Gesicht sahen, staunten wir nicht schlecht. Klara ist nämlich kein minderjähriges Mädchen, sondern eine erwachsene Frau von 45 Jahren!«

Wieder einmal hat das Leben eine ganz besondere Geschichte geschrieben: Das Motiv für diese »Komödie«, die Klara Dobinger gespielt hatte, hatte sich aus ihrer seelischen Vereinsamung ergeben. Als Ehefrau eines sich in einer sehr guten geschäftlichen Position befindlichen Mannes fehlte es Klara an Zuwendung und Liebe. Und die fand sie bei den Menschen vom Kindertelefon, die ihr bei ihren Anrufen Aufmerksamkeit schenkten und ihr ein wenig Wärme vermittelten. Besonders Herrn Weber hatte die Frau in ihr Herz geschlossen, in dem sie, wie sie uns erzählte, in ihrer Fantasie ganz romantisch den heldenhaften Retter sah, der sie aus ihrer Einsamkeit erlösen würde.

Wenn ihr Mann zur Arbeit fuhr und Klara sich wieder einmal besonders alleine gelassen vorkam, rief sie beim Kindertelefon an. Sie fühlte sich zurückversetzt in ihre Teenagerzeit, als ihre Eltern in die USA auswanderten und sie bei ihrer strengen und lieblosen Tante zurückließen.

Die 45-Jährige hat sich kurze Zeit später freiwillig einer Psychotherapie unterzogen, strafrechtliche Konsequenzen gab es für die einsame Frau keine.

Thomas - Ein Grab im Nirgendwo

Der 12-jährige, sanfte Junge, der stets sehr in sich gekehrt auftrat, lächelt scheu, als ihn sein großer Freund Jürgen, 19 Jahre alt, kumpelhaft in die Seite boxt und fröhlich verkündet: »Ich hab ein supergeiles neues Computerspiel, das muss ich dir unbedingt zeigen.« »Aber ich muss doch gleich ins Heim«, verkündet Thomas traurig und versucht, sein Interesse an dem Spiel zu unterdrücken und jeden Überredungsversuch seines Freundes, die Zeit zu überziehen, abzublocken. Er hat Angst vor den Konsequenzen, wenn er nicht rechtzeitig in die Unterbringungsstätte zurückkehrt. »Ach was, kleiner Bruder«, grinst Jürgen, »stell dich nicht so an. Wir zocken eine Runde und dann begleite ich dich nach Hause.« Thomas gibt nach, als ihn Jürgen »kleiner Bruder« nennt. Diese Bezeichnung gibt ihm das Gefühl, eine Familie zu haben.

Er folgt seinem Freund in die Wohnung, in der dieser mit seiner Sozialarbeiterin lebt – eine nette Frau, die sich auch manchmal um den 12-Jährigen kümmert. Thomas hat schon sehr viel mitgemacht in seinem jungen Leben und ist froh, liebe Menschen zu kennen, die ihn offensichtlich auch mögen. »Gib Gas«, drängt der 19-Jährige, »das wird lustig!« Bei der Wohnung angekommen, schubst Jürgen den Jungen plötzlich ungewohnt unsanft durch die Tür, bevor auch er eintritt und hinter sich zusperrt. »Was ist das für ein Spiel?«, fragt der 12-Jährige, ängstlich geworden, nach. »Ein supergeiles«, antwortet sein Freund, der jetzt wieder lieb lächelt. Es tut dem jungen Mann bereits leid, dass er Thomas angerempelt hat. So legt er ihm den Arm um die Schultern und schiebt ihn sachte in Richtung der Büroecke, in der sich sein Computer befindet.

»Ich habe Thomas Klinger in meiner Gewalt und fordere 50000 Euro. Sonst könnt ihr ihn von der MA 48 als Leiche abholen«, stand in einer E-Mail, die im Jahr 2002 in dem Heim einging, in dem der damals 12-jährige Vollwaise untergebracht war. Die Direktion erstattete sofort Anzeige. Meine Kollegen leiteten alle notwendigen Schritte ein und begannen mit der Suche nach Thomas.

Zuerst nahmen die Ermittler Jürgen P. unter die Lupe, der am Tag des Verschwindens des 12-Jährigen mit ihm zusammen gewesen war. Die BeamtInnen erfuhren, dass der junge Mann aus desolaten familiären Verhältnissen stammte und bereits mit zehn Jahren von einem älteren Mann missbraucht worden war. Danach wurde er zur Großmutter abgeschoben und landete schließlich, als diese nicht mehr mit dem Kind fertigwurde, in verschiedenen Heimen – unter anderem in dem, in dem er später Thomas kennenlernte.

Zum Zeitpunkt des Verschwindens von Thomas Klinger am 29. November 2002 wussten die Fahnder nur, dass Jürgen P. seinen »kleinen Bruder«, wie er den 12-Jährigen nannte, von einer Therapiestunde in der Wiener Innenstadt abgeholt hatte, wo der Bub wegen sexuellen Missbrauchs behandelt wurde. Was danach geschah, lag im Dunkeln.

Meine Kollegen befragten Jürgen P. mehrmals, doch der gab wiederholt zu Protokoll, dass er seinen Kumpel nach dem Spielen am Computer nach Hause begleitet hatte. Doch der Junge war nie in seinem Zimmer im Heim angekommen.

Konnte man der Aussage von Jürgen P. trauen?

Es wurden weiter Informationen gesammelt und penibel jeder noch so kleinen Spur nachgegangen, um Hinweise auf Thomas' Verbleib zu erlangen. Niemand glaubte daran, dass er freiwillig nicht in seine Unterbringungsstätte zurückgekehrt und weggelaufen war.

Ein paar Tage später gestand Jürgen P. bei einem weiteren Verhör Folgendes:

Die Freunde begaben sich nach der Therapiestunde in die Wohnung der für Jürgen zuständigen Sozialarbeiterin in Wien-Penzing, wo der Bursche in einem der Zimmer untergebracht war. Jürgen lockte Thomas mit dem Versprechen, ihm ein neues Computerspiel zu zeigen, doch dazu kam es nicht – nachdem sich die Türe hinter dem 12-Jährigen geschlossen hatte, fiel Jürgen über den Jungen her, folterte ihn mit einem Elektroschocker und missbrauchte ihn danach mehrmals sexuell. Thomas wehrte sich nicht, er ließ die Attacken des jungen Mannes, den er auch in diesem Moment noch für seinen Freund hielt, hilflos über sich ergehen und drohte auch nicht damit, zur Polizei zu gehen. Es schien, als hätte der 12-Jährige sich in sein Schicksal gefügt, als wollte er cinfach keine Schwierigkeiten haben oder anderen welche bereiten.

Doch was geschah dann, als dem Älteren klar wurde, was er getan hatte? Nämlich dasselbe, was ihm selbst und auch Thomas schon einmal zugestoßen war! Und wie kam es in der Folge zu jener Lösegelderpressung, die am Tag darauf per Mail in dem Heim einging? Jürgen P. wollte damit nichts zu tun haben und schwieg dazu beharrlich.

Doch nur wenige Wochen später lagen Ermittlungsergebnisse vor, die nur einen Schluss zuließen. Danach hatten meine Kollegen endlich Gewissheit.

Wie sich herausstellte, brach Jürgen nach der Tat in Panik aus und befürchtete, dass Thomas doch irgendwann einmal alles ausplaudern würde. Er war bereits 25 Monate in Haft gesessen und wollte unter keinen Umständen ins Gefängnis zurück.

»Ich habe Angst gekriegt und war außerdem auch total wütend und irgendwie aufgedreht. Da habe ich ein Messer genommen und ihn wie im Blackout erstochen ...«, sagte der Angeklagte später in der Verhandlung vor dem Richter aus.

Zuerst hatte er seinen Freund allerdings in den Schwitzkasten genommen, um ihn zu erwürgen. »Er hat geschrien, ich habe ihn weiter gewürgt«, so der 19-jährige Sexualtäter, »doch er ist nicht krepiert. Da hab ich mir das Messer geschnappt und es in seinen Körper gerammt, bis Thomas tot war.«

Nach der Tat hat Jürgen P. sein Opfer zerstückelt, die Leichenteile in zwei schwarze Mistsäcke verpackt und im Müllcontainer vor dem Haus entsorgt. Am nächsten Morgen bedeckte der Mörder die Bündel noch sicherheitshalber mit Abfall, damit sie nicht sofort entdeckt würden. Der junge Mann wusste, dass die Tonnen am nächsten Morgen geleert werden sollten.

Obwohl zwanzig Beamte der WEGA (Wiener Einsatzgruppe Alarmabteilung) drei Tage lang in der Müllverbrennungsanlage Flötzersteig rund 900 Tonnen Unrat durchkämmten, konnte Thomas' Körper nicht mehr gefunden werden – letztendlich ist er wohl inmitten von Unmengen an Abfall verbrannt worden.

Jürgen P. lenkte den Verdacht zunächst auf einen Bekannten, indem er in dessen Kellerabteil die blutigen Kleider des Toten deponierte. Auch das E-Mail mit der Lösegeldforderung, das zu einem Zeitpunkt verfasst wurde, als der 12-jährige Junge schon einige Stunden lang nicht mehr lebte, sollte offensichtlich von dem Verbrechen ablenken und die Fahnder an der Nase herum- und auf eine falsche Spur führen.

Der Mörder von Thomas Klinger ist im Juni 2003 in einem Indizienprozess, in dem es keinen Beweis, keine Leiche gab, zu 15 Jahren Haft verurteilt und aufgrund einer diagnostizierten schweren Persönlichkeitsstörung in eine Anstalt für geistig abnorme Rechtsbrecher eingewiesen worden.

Romano Felice – Ein Fall wie aus einem Kriminalroman

Er spürt anfangs nicht, dass man ihm ein Messer in den Leib gerammt hat, fällt rücklings auf den Boden und fragt sich, warum der andere ihn niedergestoßen hat. Er fühlt den kalten Boden unter sich und versucht, sich wieder aufzurappeln, was ihm aber nicht gelingt. Da bekommt er einen Hocker zu fassen. Mühevoll hantelt er sich daran hoch und steht nach gefühlten zehn Minuten, als würden die Geschehnisse in Zeitlupe ablaufen, wieder auf den Beinen. Als er seinen Angreifer erblickt, nimmt er seine ganze Kraft zusammen und wirft den Stuhl nach ihm. Sein Oberkörper schmerzt, ein Brennen macht sich breit. Dann die Gewissheit: Blut, überall Blut. Werde ich das überleben?

Der Mann fragt sich, wie es wohl sei, zu sterben, während sich die Schmerzen in seinem Körper ausbreiten, die zuvor im Adrenalinrausch nicht zu spüren waren. Würde er einen Tunnel mit einem hellen Licht am Ende wahrnehmen und danach seine toten Freunde und Verwandten wiedersehen?

Romano Felice gleitet auf den Boden zurück und schließt die Augen … Warum lässt sie das zu? Sie hat mich wohl nie geliebt, denkt der Mann, bevor er das Bewusstsein verliert.

Das neue Jahrtausend war gerade einmal dreieinhalb Monate alt, als der spektakuläre Fall Klarfeld mit einer ganz gewöhnlichen Anzeige wegen Abgängigkeit begann. Was nach Routine aussah, entpuppte sich bald als eines der grausamsten Verbrechen, die Österreich je gesehen hatte.

Der 56-jährige Romano Felice Klarfeld war ein Beamter der alten Schule. Als Postamtsdirektor und Disziplinarverteidiger genoss der verheiratete Vater einer erwachsenen Tochter hohes Ansehen. Nachdem der engagierte Gewerkschafter am Morgen des 19. April 2000 nicht zur Arbeit erschienen und am Nachmittag einem Disziplinarverfahren unentschuldigt ferngeblieben war, begannen die Zahnräder zu laufen und die Fahnder nahmen die Ermittlungen auf.

Die folgenden Nachforschungen und Recherchen brachten dann allerdings eine andere Seite des allseits beliebten Postbeamten ans Tageslicht, als die des treu sorgenden Familienmenschen. Felice Romano pflegte nämlich Kontakte ins Rotlichtmilieu der Stadt, ein absolutes Tabu für einen Beamten. Die Untersuchungen ergaben außerdem, dass der Mann eine Geliebte hatte – eine Prostituierte, die mithilfe von Romano Klarfeld aus dem Milieu aussteigen wollte. Der Hals über Kopf in die Frau verliebte Klarfeld soll seiner Angebeteten überdies finanziell unter die Arme gegriffen haben, als diese sich ihren Traum erfüllte: ein eigenes Pub. Antonie M. war um viele Jahre jünger als ihr Liebhaber – und bildhübsch. Doch schon bald fielen erste Schatten auf die geheime Beziehung des biederen Beamten mit dem schönen Callgirl.

Meine Kollegen wussten schon bald, dass sie es hier nicht mit einer simplen Abgängigkeit zu tun hatten. Sie nahmen Antonie M. ins Visier und fanden nach kurzer Zeit heraus, dass sie sich neben Klarfeld noch weitere Liebhaber hielt. Zahlreiche im Einsatz befindliche BeamtInnen durchsuchten das Pub der ehemaligen Prostituierten – ohne Erfolg. War die Frau also tatsächlich unschuldig am Verschwinden ihres Sugar-Daddys?

Doch gerade als die Untersuchungen für abgeschlossen erklärt werden sollten, erregte eine kaputte Bodenfliese das Aufsehen der Kriminalbeamten. Antonie M. erklärte, dass ein Bierfass auf die Kachel gefallen war, was durchaus plausibel klang.

Die Ermittler recherchierten weiter und waren mehr denn je davon überzeugt, dass der Abgängige nicht einfach aus einer Laune heraus freiwillig verschwunden war. Natürlich wurden im Zuge der Ermittlungen auch die Finanzen des Mannes ins Visier genommen, doch es ließen sich keine Unregelmäßigkeiten oder auffällige Kontobewegungen feststellen, die ein Abtauchen der Person erklärt hätten.

Immer wieder wurden zwischendurch Verwandte und Bekannte, und auch Gemahlin und Tochter von Romano Felice vernommen. Aber auch in dieser Richtung liefen die Bemühungen, den aufgrund des hohen Ansehens des Beamten heiklen Fall zu klären, ins Leere.

Bald darauf geriet jedoch einer der Geliebten von Antonie M., Karl W., ein Gärtner aus Niederösterreich, unter dringenden Tatverdacht. Die BeamtInnen luden ihn vor und befragten ihn eingehend. Der Mann hatte den routinierten Ermittlern des Gewaltreferates schon nach kurzer Zeit nichts mehr entgegenzusetzen und brach schließlich im Kreuzverhör zusammen. Er »legte nieder«, wie es im Polizeijargon heißt.

Karl W. gestand, am 18. April 2000 in Antonies Pub gewesen und mit einem seiner Rivalen in Streit geraten zu sein. In einer Kurzschlusshandlung hatte er Klarfeld mit einem Messer einen Herzstich versetzt. Dieser hätte die Verletzung angeblich erst gar nicht bemerkt und geglaubt, gestoßen worden zu sein. »Warum schubst du mich?«, sollen Romano Klarfelds letzte Worte gewesen sein, nachdem er sich noch einmal aufrichten und einen Stuhl nach seinem Widersacher hatte werfen können.

Nachdem Klarfeld im Pub – vor den Augen seiner Geliebten – verstorben war, wurde sein Leichnam von dem 40-jährigen Gärtner mit einer Laubsäge in sieben Teile zersägt, danach die Beine und Arme, der Kopf und der zweigeteilte Oberkörper nahe einer Tierverwertungsanlage verscharrt.

Eine forensische Untersuchung im Pub mittels Luminol zeigte zahlreiche, im ganzen Lokal verteilte Blutspuren. Die meisten davon befanden sich rund um die kaputte Bodenfliese, für deren Zerbersten Antonie M. nach der Konfrontation mit dem Geständnis von Karl W. den Ermittlern den wahren Grund lieferte: Der schwer verletzte Romano Klarfeld hatte sie mit dem Barhocker beschädigt, bevor er diesen nach seinem Mörder warf.

Karl W. wurde zu einer 17-jährigen Haftstrafe verurteilt. Über Antonie M. verhängten die Geschworenen wegen Beitragstäterschaft eine Strafe von 13 Jahren.

Die Urteile gegen W. und M. bildeten das Ende eines Falles, der zeigt, dass hinter jeder Abgängigkeit mehr stecken kann, als das bloße Verschwinden eines Menschen.

Hier war – ganz wie in einem klassischen Kriminalroman – der Gärtner der Mörder.

Cold Cases als ungelöste Rätsel

Am schlimmsten für einen Abgängigenfahnder sind immer die Fälle, die er nicht zu Ende bringen kann. Wenn ein Akt offen bleibt, ist es, als säße einem ein winziger Stachel im Fleisch, der sich nicht entfernen lässt – es tut nicht wirklich weh, ist aber lästig.
Jeder Mensch trachtet ja danach, Rätsel zu lösen und Geheimnisse zu lüften, noch dazu, wenn sie spannend und mysteriös sind. Und nichts anderes machen Fahnder, die sich auf die Spur eines Abgängigen begeben – sie analysieren die gegebene Situation, versuchen, rätselhafte Ereignisse aufzuklären und das Geheimnis, das es aufgrund seines Verschwindens im Leben des Vermissten gegeben haben muss, zu ergründen, um die Person wiederfinden zu können.
Hier nun fünf besonders schwierige Fälle, die noch immer ungelöst sind.

Mirko – Game over

Mirko hat seine Entscheidung getroffen. Es war nicht einfach gewesen, diesen Schritt überhaupt in Erwägung zu ziehen, doch ist man sich erst einmal sicher, dass es keinen anderen Ausweg gibt, geht der Rest wie von alleine. Mirko würde für immer verschwinden und nie wieder zurückkommen. Zu groß ist die Last, die auf seinen Schultern liegt, zu gering die Liebe in der Welt, von der er kaum noch etwas spürt. Es hat keinen Sinn zu hoffen, dass irgendwann einmal alles besser wird, denn das würde nicht passieren. Der kluge Junge will seinen Plan unter allen Umständen in die Tat umsetzen, nichts und niemand kann ihn jetzt noch aufhalten oder daran hindern. Er ist fest entschlossen, seinem Leben, so wie es jetzt ist, ein Ende zu bereiten.

Mirko nimmt sich ein Stück Papier und einen Bleistift und beginnt zu zeichnen. Das Strichmännchen, das ihn selbst darstellen soll, trägt einen Rucksack voller schwerer Steine auf die Brust geschnallt und springt damit von einer Brücke in die Donau.

Es ist beschlossen, denkt der Junge und legt seine Brille zur Seite. Ab morgen ist alles anders ... vielleicht sogar besser.

Von allen Abgängigkeitsfällen, die mir bis dato untergekommen waren, begann der von Mirko Spase wohl am theatralischsten. Der hochintelligente Mirko, ein Computer-Genie, das sich in vier Sprachen verständigen konnte, aber auch sportlich gut in Form war, verschwand am 15. März 1995 aus der Internationalen Schule in Wien – und das sechs Tage vor seinem 18. Geburtstag.

Ich bekam den Fall auf den Tisch und überlegte, was mit dem schlauen Jungen passiert sein könnte, während ich die Ermittlungen einleitete und alle nötigen ersten Schritte zur Suche des Abgängigen veranlasste.

Einem Menschen schien es allerdings von Anfang an egal zu sein, *warum* Mirko nicht mehr auftauchte, nur die Tatsache, *dass* er plötzlich weg war, sie verlassen hatte, zählte – für Mirkos Mutter, K. Spase, eine gebürtige Polin!

Helfen konnte oder wollte sie den Ermittlern jedenfalls nicht. Sie erklärte bei der Befragung immer wieder, dass sie keine Ahnung hätte, warum ihr Sohn ihr »das antat«.

An jenem Tag, an dem der Junge verschwunden war, war er auch das letzte Mal in seiner Schule gesehen worden. Ein Lehrer hatte in seinem Bankfach einen Abschiedsbrief gefunden, der uns Rätsel aufgab. Er war in englischer Sprache verfasst und auf einer Diskette mit dem Titel »gameover« gespeichert. In diesem Schreiben, das nicht einen Hauch von Sentimentalität erkennen ließ, nahm Mirko Abschied von dieser Welt. Es fand sich auch keine Spur von Verzweiflung oder Verbitterung, lediglich Zeichen einer immensen Ablehnung der Gegebenheiten, in einer absolut sachlichen und distanzierten Schilderung der Umstände.

Originalbrief von Mirko Spase (ins Deutsche übersetzt):
Hallo allerseits. Nein, tschüss wäre vielleicht passender ...
Es ist gerade 19:24, kurz nachdem Bosh mich angerufen hat. Ich höre gerade Melodien von »Offspring« und im Hintergrund die Stimme meiner Mutter, die nach mir ruft. Ich weiß nicht, was zum Teufel sie will, aber es scheint nicht allzu wichtig zu sein, da sich die Zahl ihrer Rufe in Grenzen hält.
Na gut ... jetzt komme ich zum wichtigen Teil ... der einzige Grund, warum ich den Blödsinn oben geschrieben habe, ist, dass ich

nicht weiß, wie ich ans Eingemachte gehe. Aber jetzt weiß ich's: Ich fange einfach damit an, euch zu erzählen, wie alles begann – was ich damit meine, ist, wie ich auf die Idee gekommen bin, den Selbstzerstörungsknopf zu drücken.

Eigentlich weiß ich nicht einmal mehr, wann zum Teufel das war! Soweit ich mich erinnern kann, habe ich irgendwie schon immer darüber nachgedacht. Sogar als ich erst so um die fünf Jahre alt war, fragte ich mich schon, wie es sein würde, mich einfach umzubringen ... Aber ich entschied mich dafür zu warten und zu beobachten, wie sich die Dinge entwickeln.

Es ist nicht so, dass ich ein schweres Leben hatte – Nein! Als einziger Sohn einer gehobenen Mittelklasse-Familie, die gutmütige Menschen waren, hatte ich ein hervorragendes Leben. Deshalb werdet ihr euch wahrscheinlich fragen: »Warum zum Teufel hat sich dieser Schwachkopf umgebracht?« Alles was ich dazu sagen will, ist, dass keines der üblichen Motive wie übermäßiger Stress, eine ausweglose Situation im Leben usw. zutrifft. Na gut, muss jetzt gehen – es gibt Essen.

[Nächster Tag]

Verdammt! Ich hab's nicht geschafft, den ganzen Scheiß rechtzeitig aufzuschreiben, genauso wie es mir mit meiner Hausübung immer geht! Jetzt muss ich es im Computerraum in der Schule schreiben.

Aber nun zurück zur Geschichte. Nein, es ist einfach so, dass das Leben einfach nervig geworden ist. Ich meine, es gibt nichts, worauf man sich freuen kann. Und außerdem werde ich früher oder später sowieso tot sein, wieso also so lange warten, bis ein unerwartetes Ereignis dein Leben beendet, wenn du alles planen und unter Kontrolle haben kannst? Noch dazu ist da diese seltsame Neugierde – wie wird es sein, wenn ich tot bin? Ich nehme an, es

wird das gleiche Gefühl sein wie jenes, das ich hatte, bevor ich geboren wurde, bevor ich existiert habe, sogar noch bevor meine Großeltern geboren wurden – nämlich gar keines.
Das Bedürfnis, mich umzubringen, kommt schubweise, erst baut es sich auf, dann ist es wieder weg und ich denke die nächsten Monate nicht daran. Dieses Mal habe ich beschlossen, es auf die Reihe zu kriegen und es einfach zu tun! Dass ich es tue und wie ich es tue, habe ich gestern während des Mittagessens im Esszimmer entschieden. Auf einmal hat es mich angewidert zu essen und ich habe mein Tablett mit dem halb aufgegessenen Mittagessen weggeschoben.
Ich habe versucht, mir einen einzigen guten Grund zu überlegen, mich nicht umzubringen, und leider (oder zum Glück!) habe ich es nicht geschafft. Als ich andere nach ihrer Meinung gefragt habe, haben sie es ebenfalls nicht geschafft, gute Gründe zu finden.
Alles was ich mit diesem Brief sagen will, ist, dass nichts und niemand außer mir für meinen Tod verantwortlich ist. Ich habe nicht mehr getan als ein Mensch, der jeden Tag raucht – ich habe einfach mein Leben verkürzt.
Mein besonderer Dank gilt:
Meinen Eltern. Danke für alles. Es tut mir leid.
Bosh. Du warst ein cooler Freund. Und vergiss nicht, deine Freundin flachzulegen!
Tamara. Mach dir keine Sorgen, niemand, mit dem ich gesprochen habe, hat einen Grund gefunden, der zufriedenstellend wäre.
Und jetzt wird es Zeit, dass ich gehe, meine Schultasche mit Steinen anfülle und von der Reichsbrücke springe ...
Mirko Spase

Der Junge hatte also einfach alles satt. Verblüffend war allerdings die Reife, die er dabei an den Tag legte: Er gab bei allem Widerwillen gegen alle und alles um ihn herum niemandem die Schuld an seiner Situation!

Dem Brief beigelegt war eine von Mirko handgezeichnete Skizze, die ihn selbst in ironischer Weise als Strichmännchen mit Brille darstellte. Die Karikatur trug einen Rucksack voller Steine und sprang von der Wiener Reichsbrücke, die der Junge symbolisch »Friedensbrücke« nannte. Die schwere Tasche hatte die Figur vorne an die Brust geschnallt, was verdeutlichen sollte, dass Mirko plante, mit dem Gesicht auf das Wasser zu prallen, um unmittelbar danach das Bewusstsein zu verlieren. Das Gewicht der Steine würde dann schlussendlich den Körper des bewusstlosen Teenagers in die Tiefen der Donaufluten ziehen. Es schien, als hätte Mirko an alles gedacht. Ja, er hatte sogar ein Testament verfasst, in dem er einem guten Freund, Bozdan, seinen Computer vererbte. Das Testament war von besagtem Schulfreund unterschrieben.

Aber hatte Mirko tatsächlich ohne jede erkennbare Gefühlsregung und auf solch wohlüberlegte Art und Weise einen Selbstmord geplant, den er mittels einer makaberen Zeichnung ankündigte? War der 17-Jährige überhaupt tatsächlich lebensmüde gewesen und hatte sich zum Zeitpunkt des Auffindens seiner Nachricht bereits das Leben genommen?

Diese Fragen stellten wir uns damals alle. Doch mit »Ja« beantworten wollte sie eigentlich niemand so wirklich. Auch hielten Experten den Abschiedsbrief des Jungen für viel zu lang und zu ausführlich, um einen Plan zu beschreiben – da war mehr Fantasie im Spiel als Realität. Allerdings handelte es sich dabei um reine Spekulation, denn wer konnte schon so genau wissen, was in dem Kopf eines hochintelligenten Jungen, der sein Leben hasste, vorging? Interessant war allerdings auch die Tatsache, dass Mirko die Nachricht zu seinem Selbstmord am Vortag seines Verschwindens begonnen und direkt am Tag seiner Abgängigkeit in der Schule fertiggeschrieben hatte. Dies stützte die Theorie von der nicht wirklich vorhandenen Lebensmüdigkeit des Jungen, da es eine absolut untypische Vorgangsweise für einen Menschen ist, der sich wirklich das Leben nehmen will.

Aber was war tatsächlich passiert? Was konnte Mirko dazu veranlasst haben, einen Selbstmord anzukündigen und dann abzuhauen?

Wir begannen zu ermitteln und schlossen aufgrund der vorhandenen Spuren schon bald ein Fremdverschulden an dem Verschwinden des Jungen beinahe vollständig aus. An einen üblen Scherz, verbunden mit einem kurzfristigen Untertauchen als Denkzettel für die Hinterbliebenen, glaubten wir allerdings ebenso wenig.

Also hatte Mirko doch Selbstmord begangen und sich dabei eben untypisch verhalten? Wollte ein Junge, dem durch seine enorme Intelligenz die ganze Welt offenstand, tatsächlich einfach nicht mehr leben?

Mirkos Mutter erinnerte sich in einem weiteren Gespräch endlich doch noch an ein Detail: »Mein Sohn hat am Abend vor seinem Verschwinden einen Anruf erhalten und ist ganz aufgeregt sofort zum Apparat gelaufen, als hätte er schon ungeduldig darauf gewartet. Unmittelbar nachdem Mirko den Hörer abgenommen hatte, zog er sich mit dem Telefon in sein Zimmer zurück. Es war sein Freund, mit dem er danach über eine halbe Stunde lang sprach.«

Am nächsten Tag wollte Mirkos Mutter ihren Sohn von der Schule abholen, doch sie wartete vergeblich. Mirko konnte unbemerkt, anzunehmenderweise freiwillig, den Unterricht frühzeitig verlassen – für immer, wie es schien!

Zu Hause hatte Mirkos Mutter auf dem Schreibtisch ihres Sohnes dann einen in seiner polnischen Muttersprache verfassten Hinweis auf die Diskette in der Schule gefunden, die sich in seinem Schulbankfach befand und über die sein Freund Bescheid wusste.

Aufgrund der umfangreichen Recherchen wurde auch bald klar, dass sich Mirkos Mutter unter allen Umständen einen überaus erfolgreichen Sohn gewünscht hatte. Dementsprechend könnte dem Jungen diese Last zu schwer geworden sein. Aus diesem Grund ließen wir Mirko über die Medien eine Nachricht zukommen, in der wir ihm den Kontakt mit einer Vertrauensperson vom Jugendamt anboten. Dies sollte ihn ein wenig aus der eventuell von seinem Elternhaus ausgehenden Drucksituation befreien. Ebenso wurde ihm in Aussicht gestellt, ihn bei einer frühzeitigen Erlangung der Volljährigkeit zu unterstützen.

Aber so groß unsere Bemühungen auch waren, wir erhielten lange Zeit kein Lebenszeichen von Mirko. Auch auf eine ins Internet gestellte Abgängigkeitsmeldung samt Beschreibung des Jungen – »183 cm groß, ca. 65 kg schwer, dunkelbraune Haare, aufgestülpte Nase, sehr großer Mund und sehr kleine, anliegende Ohren. Bekleidet war er zuletzt mit Bluejeans und dunkelgrüner Jacke« – kamen keine Reaktionen, woraufhin die Meldung einen Monat später wieder entfernt wurde. Die Mutter des Jungen klebte sogar ein Fahndungsplakat an eines der Fenster ihres Autos und fuhr damit ständig quer durch Wien, in der Hoffnung, Hinweise zu erhalten. Vergeblich.

Dann ergab sich in dem Fall plötzlich eine mögliche Wende. Eines Tages flatterte ein Foto von der Interpol Frankreich auf meinen Schreibtisch. Dort war ein junger, total ausgehungerter Mann mit unbekannter Identität aufgegriffen worden. Als ich das Foto sah, spürte ich ein klein wenig Anspannung und Hoffnung in mir, da dieser Fremde die gleiche Brille trug wie Mirko! Die baldige Klärung des schwierigen Falles lag mit einem Mal im Bereich des Möglichen.

Ein Vergleich der Fingerabdrücke sollte Klarheit in die Sache bringen. Und die Klarheit kam mit der Gewissheit – der aufgegriffene junge Mann war nicht der Gesuchte!

Alle Fahndungsmaßnahmen nach Mirko verliefen bis heute ohne Erfolg. All jene, die befragt wurden – auch sein Freund – beteuerten, nichts über den tatsächlichen Aufenthalt des Abgängigen zu wissen.

Was geschah mit dem klugen Jungen, dessen Schicksal seit fast zwanzig Jahren völlig im Dunkeln liegt?

Doch so wenig, wie ich damals an einen Selbstmord glaubte, so wenig tue ich das heute. Vielmehr bin ich davon überzeugt, dass Mirko, mittlerweile ein erwachsener Mann, lebt! Mit einer ausgezeichneten Planung und der tollen Unterstützung von Fluchthelfern ist es ihm gelungen, sein alltägliches Leben hinter sich zu lassen. Und wenn man weiß wie, dann ist Untertauchen tatsächlich kein Problem!

Ein wenig erinnert mich die Geschichte des 17-Jährigen an einen Mythos, vielleicht sogar an den von Elvis Presley. Verschwunden, um neu zu beginnen?

Nicholas George – 007 in Wien

Die Lichter des Weihnachtsmarktes blinken durch die Bäume, stimmungsvolle Musik und der Duft nach gebrannten Mandeln wehen zu dem 47-jährigen Mann herüber, der vor der Votivkirche in eisiger Kälte auf seine Bekannten wartet. Vereinzelt fallen Schneeflocken vom dunklen Himmel und tanzen im Licht der Straßenlaternen zu Boden.

Nicholas Shadrin, ein US-Amerikaner mit rabenschwarzem Haar und dicken Augenbrauen, tritt von einem Fuß auf den anderen und vergräbt seine zu Fäusten geballten Hände in den tiefen Taschen seines Wollmantels, während er ungeduldig um sich blickt. Der Geschäftstermin lässt auf sich warten. Shadrin, ein riesiger Mann mit einem hundert Kilo schweren Körper, denkt an seine Frau Ewa, die gerade in der Wiener Staatsoper sitzt und den zauberhaften Klängen klassischer Musik lauscht. Sie wollte nach der Vorstellung sofort ins Hotel zurückkehren und wach bleiben, bis er von seinem Treffen kommt, falls er nicht schon vor ihr dort eintreffen würde. Der Mann blickt auf die goldene Rolex an seinem Handgelenk und stellt fest, dass sich sein Geschäftspartner verspätet, es ist bereits 19 Uhr 10.

Gerade als Nicholas Shadrin beschließt, sich ein Taxi zu rufen, um ins Bristol zurückzufahren, legt sich eine schwere Hand auf seine Schulter und eine tiefe Stimme flüstert ihm mit ausländischem Akzent ins Ohr: »Dobry wetscher!«

Als in Wien der gebürtige Russe Nicholas George Shadrin spurlos verschwand, war ich gerade einmal 14 Jahre alt und weit davon entfernt, als Abgängigenfahnder tätig zu sein. Doch bei diesem Fall handelte es sich um eine derart spektakuläre Abgängigkeit, dass man sich davon noch viele Jahre später erzählte – und so kam auch mir die Geschichte des Doppelagenten zu Ohren, als ich meinen Dienst im Wiener Sicherheitsbüro antrat.

Im Dezember 1975 befanden sich der ehemalige sowjetische Marineoffizier, der am 19. Mai 1928 in Leningrad als Nikolai Fjodorowitsch Artamonov geboren worden war, und seine Ehefrau Ewa Shadrin, mit Mädchennamen Blanka, auf einem Zwischenstopp in Wien, bevor das Pärchen in seinen Skiurlaub im Nobelwintersportort Zürs am Arlberg weiterreisen wollte. Der wohlhabende 47-Jährige, der offiziell in einer Beraterfunktion für die US-Regierung arbeitete, wollte während des Aufenthalts in der Donaumetropole das Angenehme mit dem Nützlichen verbinden und hatte in der City einen Geschäftstermin vereinbart.

Shadrin war nach seinem Offiziersdienst in Riga und Lettland im Jahr 1959 zu den Vereinigten Staaten von Amerika übergelaufen und seitdem für die Regierung tätig. Er wurde vor allem für verschiedenste Spionageabwehrtätigkeiten während des Kalten Kriegs eingesetzt und genoss hohes Ansehen bei seinen Vorgesetzten.

18. Dezember 1975, 12 Uhr 30, Flughafen Wien Schwechat: Die Linienmaschine der BEA aus Washington, Flug Nummer 552, landete pünktlich. Die österreichischen Einreiseformalitäten für die amerikanischen Touristen waren schnell erledigt – ein kurzer Blick in die Papiere, und schon winkten die Grenzbeamten die US-Bürger freundlich durch. Wenig später bestiegen Ewa, eine gebürtige Polin, und Nicholas Shadrin ein Taxi Richtung Wien City.

18. Dezember 1975, kurz nach 14 Uhr, Wiener Innenstadt, Hotel Bristol: Das glamourös wirkende Paar aus den USA traf in seinem Luxushotel am Kärntnerring ein, das sich direkt neben der Staatsoper befand, und bezog das Zimmer Nummer 361 im dritten Stock. Ewa erkundigte sich telefonisch beim Portier nach dem Spielplan der Wiener Opernhäuser und orderte kurz darauf zwei Karten für die Abendvorstellung in der Volksoper am 19. Dezember, aber nur eine Karte für eine Aufführung in der Staatsoper am Tag darauf.

Das Personal des Nobelhotels würde später aussagen, dass an den beiden amerikanischen Touristen, die sich sehr kultiviert gaben und großzügige Trinkgelder verteilten, nichts auffällig war oder gar verdächtig wirkte. Außer vielleicht, erinnerten sich dann doch noch einige der Angestellten, dass das Paar stets erst gegen ein Uhr mittags sein Zimmer verließ.

18. Dezember 1975, 17 Uhr 50, Wiener Innenstadt, Votivkirche: Nicholas Shadrin verließ das Hotel und fuhr mit dem Taxi die rund zwei Kilometer bis zur Votivkirche, vor welcher der Russe mit seinen Geschäftspartnern verabredet war. Pünktlich um 18 Uhr erschien Oleg Kozlow, ein sowjetischer Staatsbürger, den Shadrin von zahlreichen Treffen in Washington kannte. Die beiden Männer liefen durch die schneidende Kälte und den knirschenden Schnee bis zur Baustelle der U-Bahn-Station Schottentor, die im Jahr 1980 eröffnet werden sollte. Dort wartete mit laufendem Motor eine schwarze Limousine, an deren Steuer der Russe Michail Kuryschew saß, den Nicholas Shadrin ebenfalls kannte. Auf der Suche nach einem geeigneten Speiselokal fuhr das Trio in dem Luxusschlitten durch die Stadt, was zur damaligen Zeit sicher einiges Aufsehen erregte. Letztendlich schlug Kozlow den Besuch eines Restaurants an der Donau vor, in dem hervorragende Fischgerichte serviert wurden. Kuryschew wollte jedoch nicht mitgehen, weil er dort angeblich zu bekannt war. Er setzte seine beiden Begleiter an einem Taxistandplatz ab und verabschiedete sich.

18. Dezember 1975, 19 Uhr 10, Alberner Hafen: Die beiden Männer nahmen im Restaurant »Landhaus Winter« Platz und bestellten Karpfen und Wodka. Da Shadrin aufgrund seines früheren Lebenswandels an funktionsbeeinträchtigten Nieren litt, trank er zu den drei Doppelten, die er mit seinem Geschäftspartner kippen musste, Unmengen von Wasser.

Nach dem Treffen wollte Nicholas Shadrin ein Taxi bestellen, doch die Zentrale teilte ihm mit, dass bei dem dichten Schneegestöber, das mittlerweile eingesetzt hatte, kein Wagen losfahren würde. Später wurde dann aber doch noch ein Wagen geschickt, den der 47-Jährige aber nur kurz gemeinsam mit seinem Bekannten Kozlow benutzte, weil er nicht mit dem Russen gesehen werden wollte und dann in ein anderes Taxi umstieg.

18. Dezember 1975, kurz nach 22 Uhr, Wiener Innenstadt, Hotel Bristol: Nicholas Shadrin traf in seinem Hotelzimmer ein, wo ihn Besuch erwartete. Er begrüßte »Ann Martin«, die er angeblich von einer US-Regierungsstelle kannte, das dachte jedenfalls seine Frau Ewa. Tatsächlich arbeitete die hochgewachsene Frau, deren richtiger Namen Cynthia Hausman lautete, für die CIA. Die beiden unterhielten sich eine Weile, bevor sie sich voneinander verabschiedeten.

19. Dezember 1975, Wiener Innenstadt: Fünf Tage vor dem Heiligen Abend bummelten Nicholas und seine Gattin durch die weihnachtlich geschmückte City von Wien und kauften zahlreiche Geschenke für die Verwandtschaft in den USA und einige teure Kleider für Ewa ein. Am Abend stand der Besuch der Volksoper auf dem Plan des Luxus-Pärchens.

20. Dezember 1975, 14 Uhr 30, Wiener Innenstadt: Nicholas Shadrin mietete sich beim Autoverleih AVIS am Kärntnerring, der sich einige Häuserblocks vom Bristol entfernt befand, für zwei Tage einen Audi 100. Der Mann legte eine amerikanische Kreditkarte mit der Nummer 4335190000469 und seinen Führerschein vor, ließ einen Blanko-Kreditkartenbeleg abziehen und unterschrieb den Mietvertrag. Im Anschluss kurvte der 47-Jährige mit dem Pkw offenbar planlos ein wenig durch die Stadt und fuhr dabei 36 Kilometer, wie der Tachometerstand später zeigte.

20. Dezember 1975, 17 Uhr, Wiener Innenstadt, Hotel Bristol: Der gebürtige Russe parkte den Leihwagen auf einer Nebenfahrbahn vor seinem Hotel am Kärntnerring und betrat das Gebäude. In der Lobby nahm der Mann dann an der Bar einen Drink, bevor er gegen 17 Uhr 45 sein Zimmer betrat. Um 19 Uhr wollte er sich ein weiteres Mal mit seinen sowjetischen Bekannten vor der Votivkirche treffen. Er schlüpfte in seine dunkelblauen Markenhosen, in einen etwas helleren Sweater und in ein farblich passendes Sakko mit goldenen Knöpfen, auf welchen Anker eingraviert waren. Nicholas Shadrin verstaute in der Kleidung seine Geldtasche aus feinstem Elefantenleder sowie eine Packung seiner Lieblingszigaretten und zog zuletzt seinen rostfarbenen Wollmantel an, in dessen Innentasche er ein Kuvert mit 1000 US-Dollar in Zehndollarnoten steckte. Gegen 18 Uhr 30 ließ sich der US-Amerikaner in der Lobby ein Taxi rufen und verließ danach das Hotel, während seine Ehefrau zu diesem Zeitpunkt bereits ihren Platz in der Staatsoper eingenommen hatte.

20. Dezember 1975, 22 Uhr, Wiener Innenstadt, Hotel Bristol: Als Ewa Shadrin nach der Vorstellung das Zimmer Nummer 361 betrat, war ihr Gatte noch nicht von seiner Geschäftsbesprechung zurückgekehrt. Auch gegen Mitternacht hatte sich der gebürtige Russe noch nicht wieder im Hotel eingefunden. Gegen zwei Uhr früh begann sich Ewa Sorgen zu machen und rief bei »Ann Martin« an, deren Nummer ihr Gatte »für den Notfall« auf einen kleinen Zettel notiert hatte. Die Frau am anderen Ende der Leitung versuchte, die gebürtige Polin zu beruhigen, und meinte, ihr Mann hätte sicher viel Spaß, würde vielleicht auch einiges trinken und deshalb eben erst später heimkommen. Als Nicholas Shadrin allerdings gegen 5 Uhr 30 noch immer nicht aufgetaucht war, rief Ewa erneut bei der Arbeitskollegin ihres Mannes an, woraufhin auch diese beunruhigt reagierte.

23. Dezember 1975, 11 Uhr 45, Wiener Innenstadt, Hotel Bristol: Nach drei Tagen voller Unruhe, in denen Ewa Shadrin kein Lebenszeichen ihres Ehemannes erhalten hatte, beschloss sie, ohne ihn, dafür in Begleitung seiner Kollegin »Ann Martin«, nach Hause zu fliegen. Die verzweifelte Frau hoffte, dass ihr Gatte bald nachfolgen würde, beglich die Hotelrechnung in der Höhe von 7300 Schilling und checkte aus. Sie reiste einige Stunden später über Frankfurt in die USA zurück. Das Gepäck ihres Ehemanns nahm sie mit, seinen Reisepass hatte sie in der Wiener US-Botschaft hinterlegt.

24. Dezember 1975, 11 Uhr 55, Wiener Innenstadt, Innenministerium: Am Heiligen Abend rief ein Konsularbeamter der amerikanischen Botschaft an und meldete die Abgängigkeit von Nicholas Shadrin. Der Diplomat gab an, dass der gebürtige Russe angeblich Mitarbeiter einer US-Regierungsstelle wäre, was er aber bezweifeln würde.

Dezember 1975 – Jänner 1976, Wien: In den folgenden Tagen kontrollierten die Beamten der Wiener Sicherheitsbehörden zuerst einmal die Krankenhäuser der Stadt – ohne Erfolg: Es war kein Mann dieses Alters und dieser Statur eingeliefert worden. Anfang Jänner begannen die Ermittler, das Personal des Hotels Bristol zu befragen. Ein Zimmermädchen namens Elfriede gab an, den Vermissten noch einen Tag nach seinem mysteriösen Verschwinden im Haus gesehen zu haben. Angeblich hätte der 47-Jährige am 21. Dezember am Nachmittag in Gedanken versunken im dritten Stock auf den Aufzug gewartet und nicht einmal gedankt, als sie ihn höflich grüßte. Elfriedes Kollegin konnte diese Aussage nicht bestätigen, erinnerte sich aber daran, dass Ewa Shadrin sie gebeten hatte, das Zimmer Nummer 361 zu putzen. Dabei wäre ihr eine fremde Frau in dem Raum aufgefallen. Mehr wusste sie aber auch nicht.

Zu dieser Zeit nahmen die Beamten in der US-Botschaft längst an, dass der Abgängige von Sowjets entführt worden war. Nach längerem Schweigen gaben die Amerikaner, die ganz offensichtlich mehr wussten, als sie ursprünglich verraten wollten, an, dass es sich bei dem US-Staatsbürger und gebürtigen Russen Nicholas Shadrin um einen Überläufer und Mitarbeiter der »Defense Intelligence Agency« (DIA), des Geheimdiensts des amerikanischen Verteidigungsministeriums, handelte.

Nicholas Shadrin ist in diesem kalten Winter in Wien verschwunden und nie wieder aufgetaucht – seine Spur verliert sich vor der Votivkirche, vor der er am 20. Dezember um 18 Uhr 55 ein letztes Mal von ein paar jungen Leuten gesehen wurde.

Jahre später berichtete ein anderer sowjetischer Überläufer, dass Nicholas Shadrin angeblich während der Entführung an einer Überdosis Chloroform gestorben war. Darüber hinaus gab es auch immer wieder Vermutungen, laut denen der Agent, dessen Ehe womöglich nur noch auf dem Papier bestanden hatte, mit seinen Bekannten freiwillig in die Sowjetunion zurückgekehrt wäre.

Heute würde Nicholas Shadrin mit an Sicherheit grenzender Wahrscheinlichkeit nicht mehr leben, selbst wenn er im Jahr 1975 nicht starb. An ein freiwilliges erneutes Überlaufen, dieses Mal zurück in die alte Heimat, wollte seine Gattin Ewa jedenfalls nie glauben.

Lubos – Entführung in ein besseres Leben?

Der kleine Lubos spielt mit seinem älteren Bruder auf dem tristen Hof der riesigen Wohnanlage in Púchov, wo die Buben gemeinsam mit ihren Eltern einen der hohen, grauen Blöcke bewohnen.

Die Familie besitzt nicht viel und lebt in einer Gegend, die heute als sozialer Brennpunkt bezeichnet werden würde, doch die Kinder sind sauber, nett gekleidet und wissen sich zu benehmen. Lachend kicken sie einen Ball hin und her und freuen sich auf das Mittagessen. Da geht auch schon oben im Haus ein Fenster auf und die Mutter der Jungen ruft ihren beiden Söhnen zu, dass die Blinis fertig wären und sie zum Essen kommen sollten. Lubos' Bruder versetzt dem Ball einen Tritt und läuft sofort in Richtung Eingangstür, während der kleinere Junge träumerisch auf den Betonboden blickt, auf dem die durch das Laub der Bäume fallenden heißen Sonnenstrahlen blinkende Muster zeichnen, und kräht: »Komme gleich!« »Lubos! Sofort!«, tönt es noch einmal streng von oben, dann schließt die Mutter das Fenster. Der Bub bemerkt, dass ein Windstoß den Ball ins Gestrüpp geblasen hat, und hüpft hinterher, um ihn einzufangen. Als er ein Geräusch hinter sich hört und sich umdreht, steht, wie aus dem Nichts aufgetaucht, ein Mann hinter ihm, der ihn freundlich anlächelt. »Komm, mein Junge, ich will dir etwas zeigen!«, sagt der Fremde, greift nach der Hand des Kindes und zieht es mit sanfter Gewalt und lockenden Worten hinter sich her.

Während die Abgängigkeitsfahnder in Österreich fast alle Fälle vermisster Kinder klären konnten, gab es in anderen Ländern leider nicht immer so gute Erfolge. In der damaligen Tschechoslowakei kam es öfter vor, dass Kinder aus Wohnblockvierteln verschwanden und nie wieder auftauchten.

Eines Tages – es war im Sommer 1992 – stieß ich beim Durchstöbern einer alten Akte auf einen Fall, den ich längere Zeit zuvor von einem guten Freund aus dem Auswärtigen Amt bekommen hatte, der im Österreichischen Generalkonsulat in Bratislava Dienst versah. Der offizielle Datenaustausch über Interpol funktionierte damals mit der Slowakei etwas schleppend und die Berichterstattung hinsichtlich der Auffindung von unbekannten Leichen erfolgte zumeist auf diplomatischem Weg.

Mein Bekannter hatte mir von dem abgängigen Lubos Bednar, einem fünfjährigen Buben, der im Jahr 1988 spurlos verschwunden war, erzählt. Der Sachverhalt ließ hier eigentlich keine Zweifel aufkommen: Der kleine Junge wurde mit an Sicherheit grenzender Wahrscheinlichkeit entführt. Es gab zu dieser Zeit in der damaligen Tschechoslowakei mehrere solcher Fälle. Die Kinder sind dabei aber nicht an Sexualtäter vermittelt und geschlagen oder auf eine andere Art und Weise misshandelt, sondern an gut situierte und bezahlende Ehepaare im »reichen Westen« verkauft worden. Es galt auch als Tatsache, dass manchmal die Kindeseltern selbst diese Kidnappingaufträge gaben, um an Geld zu kommen oder ihrem Kind eine bessere Zukunft bieten zu können.

Laut den Ermittlungen der tschechoslowakischen Behörden bestand bei Lubos der Verdacht, dass der Junge im Kofferraum eines Pkws über die Grenze nach Österreich geschmuggelt worden war. Es handelte sich bei dieser Version aber nur um eine Annahme. Ebenso bestand die Möglichkeit, dass der Fünfjährige entgegen aller Vermutungen in ein zwielichtiges Milieu vermittelt worden war und heute sein Dasein als Stricher oder Drogendealer in Wien fristet. Oder längst in Armut und einem kalten, menschenunwürdigen Umfeld sein Leben verloren hatte.

Jetzt lag dieser alte Akt aus dem Jahr 1988 vor mir, in dem sich auch ein Fahndungsersuchen der nun slowakischen Kriminalpolizei in englischer und deutscher Sprache befand. Es gab ein Foto von Lubos, welches kurz vor seinem Verschwinden aufgenommen worden war. Der kleine Junge hatte ein etwas längliches und freundliches Gesicht, blondes, gelocktes Haar und trug auf diesem Bild ein großkariertes Hemd. Ich entdeckte außerdem eine Computerrekonstruktion, die das vermutliche Aussehen des Jungen mit einem Lebensalter von 15 Jahren darstellte.

Der durch die Übersetzung ein wenig fehlerhafte Fahndungstext zu Lubos Bednar lautete:

> Die Kriminalpolizei der slowakischen Republik bittet um die Zusammenarbeit und Hilfe bei der Fahndung nach der vermissten unmündigen Person Bednar, Vorname Lubos, geboren am 7.7.1983, zuletzt wohnhaft in der Slowakei, Púchov. Der Genannte hat am Samstag den 27. August 1988 ca. um 12 Uhr von vorn des Hauses, in dem er gewohnt hat, schleierhaft verschwunden. Trotz der umfangreichen Fahndung in allen Mitgliedsländern von Interpol in der ganzen Welt wurde er bisher nicht gefunden. Es gibt Hinweise dazu, dass er in das Ausland zum Zwecke einer Adoption entführt wurde. In der Zeit seiner Verschwindung als 5-jähriger war Bednar Lubos ca. 1,22 m groß, vollschlank, helles lockeres Haar, mit der ca. 0,5 cm langen Narbe auf dem Kinn. An seinem Rücken zwischen Schulterblättern befand sich ein ellipsenförmiges drei mal eins großes Muttermal. Seine jeweilige Personenbeschreibung ist unbekannt. Auf dem Lichtbild Nummer 1 ist Bednar Lubos 5 jähriger kurz vor seiner

Verschwindung – das Lichtbild Nummer 2 ist sein Phantombild, das mittels einer Computerverarbeitung angefertigt wurde und seinem diesmaligen Aufsehen entsprechen sollte.

Nach meinen weiteren Erkenntnissen wohnte Lubos zum Zeitpunkt seines Verschwindens gemeinsam mit seinen Eltern und seinem Bruder in einem Wohnblock in einer eher zweifelhaften Gegend. Er hielt sich gemeinsam mit seinem älteren Bruder auf dem Spielplatz auf, als die Mutter ihre beiden Söhne um 12 Uhr mittags zum Essen rief. Lubos' Bruder lief daraufhin sofort nach oben in die Wohnung, der Fünfjährige wollte gleich darauf nachkommen, doch er ist nicht aufgetaucht – nie mehr!

Was war mit dem freundlichen Kind, das an diesem Sonntag im Jahr 1988 offenbar vertrauensvoll die Hand eines Fremden ergriffen und für einen kurzen Moment die mahnenden Worte seiner Eltern »Geh nicht mit Leuten mit, die du nicht kennst« vergessen hatte, passiert?

Es gab konkrete Verdachtsmomente, die auf einen Aufenthalt des Buben in Österreich hindeuteten. Aber sie waren zu schwach, um weitere zielführende Maßnahmen einleiten zu können. Ich halte es nicht für abwegig, dass der kleine Junge tatsächlich in den Westen entführt wurde. Eine offizielle Adoption über österreichische oder deutsche Behörden war damals – und ist es heute noch immer – mit viel Aufwand und Bürokratie verbunden. Deshalb war es für kinderlose, wohlhabende Paare durchaus eine Alternative, eine Auslandsadoption anzustreben, die mit immensen Kosten verbunden war. Die angeblichen Vermittler ließen sich die oftmals zum Zweck einer Adoption entführten Kinder teuer bezahlen.

Doch durfte ich auch die Möglichkeit nicht außer Acht lassen, dass Lubos nie außer Landes geschafft worden war, dass ein Fremder den Jungen damals vom Hof entführt, missbraucht und nach der Tat seinen geschundenen Körper so gut »entsorgt« hatte, dass er nicht gefunden werden konnte.

Leider gelang es auch uns nicht, Lubos wiederzufinden. Alle Spuren verliefen ergebnislos im Sande und sind heute bereits verweht.

Wollen wir hoffen, dass Lubos noch lebt – vielleicht in Österreich, vielleicht in Deutschland, unter Umständen sogar in seiner Heimat … wer weiß!

Möglicherweise kennt er seine wahre Identität und möchte nicht mehr nach Hause. Wahrscheinlicher ist jedoch, dass er einen deutschen Namen trägt und gar nicht weiß, dass er Lubos heißt und seine Eltern sowie sein Bruder in der heutigen Nordwestslowakei immer noch auf ihn warten, weil sie davon überzeugt sind, dass er noch lebt.

Vielleicht will das Schicksal aber auch, dass der Leser dieses Buches einen jungen Mann kennt, der am Rücken zwischen den Schulterblättern ein ellipsenförmiges, drei Mal ein Zentimeter großes Muttermal und am Kinn eine 0,5 Zentimeter lange Narbe hat, und gibt mit dieser Information Lubos seine wahre Identität zurück.

Vielleicht ist es Lubos selbst, der dieses Buch irgendwann in Händen hält und sich wiedererkennt.

Gabriele – Kein roter Faden

Blaugraue Rauchschwaden wandern träge durch das Lokal und senken sich auf die Tanzfläche wie ein hauchdünner Schleier. Es ist brütend heiß, die dicke Luft riecht nach den Ausdünstungen der tanzenden Menschen, die sich über das Parkett bewegen – langsam, im Rhythmus zu den alten Schlagern, die zu dieser vorgerückten Stunde auf die baldige Sperrstunde vorbereiten sollen. Die Schnulze »Only You« von Elvis stimmt die noch anwesenden Frauen gefügig und lässt alle übrig gebliebenen Männer hoffen, die Nacht nicht alleine verbringen zu müssen.
Gabriele nimmt noch einen Schluck aus ihrem Glas, in dem sich letzte Reste einer pinkfarbenen Flüssigkeit befinden, und verabschiedet sich von den anderen Stammgästen. Wieder geht ein Abend zu Ende wie viele davor: viel getrunken, viel gelacht, viel getanzt. Leider auch viel gestritten, so wie immer. Erich entschuldigt sich bei Gabriele für den Ausraster. Natürlich will er sie nicht umbringen. Er schreibt die unbedachten Worte dem Alkohol zu.
Als Gabriele und Erich mit einem Bekannten das Tanzcafé verlassen und hinaus in die warme Julinacht treten, hat sie ihm schon längst verziehen. Die Flügeltür schließt sich hinter der angeheiterten Gesellschaft. Zum letzten Mal für Gabriele Barta.

In meiner Zeit als Abgängigenfahnder gab es Fälle, die beinahe täglich aktualisiert werden mussten, ohne dass man der verschwundenen Person dabei auch nur einen Schritt näher kam; Vermisstenakten, denen man beim Wachsen buchstäblich zuschauen konnte und die dennoch viele falsche Fährten enthielten.

Was bringt eine mitten im Leben stehende Frau dazu, plötzlich all ihre Kontakte abzubrechen und jene, die sie liebt, ohne ein Wort des Abschieds zu verlassen? Das ist eine Frage, die ich mir seit dem 23. Juli 1990 beinahe täglich stelle. Es war der Tag, an dem die damals 30-jährige Gabriele Barta aus Wien Landstraße als abgängig gemeldet wurde.

Im Sommer 1990 landete die Akte dieser jungen Frau auf meinem Schreibtisch. Ich kann mich noch genau daran erinnern, dass meine Aufmerksamkeit sofort auf den in der Vermisstenmeldung genannten Ort fiel, an dem Gabriele Barta das letzte Mal gesehen worden war. Das Tanzcafé Pribitzer im 3. Wiener Gemeindebezirk galt – neben vielen anderen Gaststätten – zeitweise als »verbotene Zone« für viele »anständige« junge Mädchen und Frauen, aber auch für die Polizeischüler der nahen Marokkanerkaserne.

Heute ist das Tanzcafé Pribitzer Geschichte, so wie auch die Arbeiterschicht in der Gegend rund um den Rennweg, aus der das Lokal die meisten Gäste bezog. Die Zinshäuser mussten nach und nach teuren Wohnobjekten weichen und aus der nostalgischen, bei Oldie-Fans sehr beliebten Musik-Bar wurde ein Hotel. Mit den Stammgästen des Tanzcafés sind vermutlich auch jene verschwunden, die mehr über die Umstände wissen, die zum Verschwinden von Gabriele Barta geführt haben.

Folgendes erfuhr ich im Zuge meiner Recherchen über die junge Frau: Die Arbeiterin hielt eine Ratte als Haustier, die sie liebevoll betreute und, wie man mir versicherte, niemals im Stich lassen würde, war lebensfroh und ging gerne und mehrmals pro Woche ins Pribitzer tanzen. Daher wollte ich, so mysteriös das Verschwinden von Gabriele Barta auch war, von Anfang an nicht an Selbstmord glauben. Ich hätte eher an einen Ausstieg aus dem Alltag gedacht, doch dagegen sprach wiederum die Liebe der

Frau zu ihrem Haustier. Somit blieb nur ein Verbrechen übrig. Aber was mochte an diesem Montag, dem 23. Juli 1990, an dem Gabriele Barta wieder einmal ins Pribitzer tanzen gegangen war, tatsächlich geschehen sein?

Ich nahm die Ermittlungen auf und traf relativ bald auf eine Wand des Schweigens. Keiner der nicht gerade polizeifreundlichen Stammgäste konnte sich so recht erinnern, wann und vor allem mit wem er die junge Frau zuletzt gesehen hatte. Erst nach mühevollen Einzelgesprächen, in die ich alle meine erworbenen Kenntnisse mit einbringen musste, konnte ich einige Erfolge erzielen. Als Seelsorger und Psychologe, Beichtvater und knallharter Einvernahmebeamter war ich wieder einmal dafür verantwortlich, dass sich irgendwann doch noch die Zungen lockerten und ein paar Details über diesen Montag im Juli 1990 ans Tageslicht traten.

Darüber hinaus meldete sich ein anonymer Anrufer bei mir und ich spürte, dass hinter der plötzlichen Mitteilungsfreudigkeit der Leute eher die ständige Anwesenheit der ermittelnden Beamten im Pribitzer steckte als der Drang, die Suche nach Gabriele Barta zu unterstützen. Hatte es vorerst geheißen, dass Gabriele Barta am 23. Juli 1990 in Begleitung von zwei unbekannten Männern aus dem Lokal verschwunden war, erfuhr ich nun: »Die Gabi war an dem Abend mit dem Harald und dem Erich zusammen. Sie hat mit den beiden dann auch das Lokal verlassen.« Ich bohrte nicht weiter nach. Vielmehr war ich froh, dass wir nun endlich einen Punkt hatten, von dem aus wir die Nachforschungen beginnen konnten. Und tatsächlich wurde die Identität der beiden Männer, ebenfalls Stammgäste im Pribitzer, rasch geklärt.

Obwohl er nachweislich am 23. Juli 1990 in Begleitung von Gabriele Barta das Pribitzer verlassen hatte, schied Harald aus verschiedensten Gründen schon bald als möglicher Täter aus. Erich hingegen, der Lebensgefährte der jungen Frau, wurde rasch zu unserem Hauptverdächtigen.

Der Aktenberg wuchs. Wir durchleuchteten Erichs Leben. Er war vorbestraft und wegen einiger Gewaltdelikte in der Datenbank gespeichert. Im Laufe weiterer Befragungen erfuhren wir dann, dass Erich Gabriele am Abend ihres Verschwindens im Zuge eincs Streits mit dem Tod bedroht hatte. Und: Seit dem Verschwinden von Gabriele Barta fehlte auch von Erich jede Spur.

Während die fieberhafte Suche nach Erich begann, wurden die Medien auf den Fall aufmerksam. Nicht zuletzt, weil Gabrieles Mutter, Hermine Barta, nichts unversucht ließ, ihre Tochter ausfindig zu machen. In einem Interview erzählte sie von ihren Anstrengungen und warum sie daran glaubte, dass Gabriele etwas zugestoßen sein musste: »Meine Tochter wäre nie und nimmer einfach davongelaufen, ohne mir oder ihrer Schwester etwas davon zu sagen. Die Wohnung wirkt, als wäre sie bloß auf einen Sprung weggegangen. Jemand, der untertaucht, nimmt doch wenigstens seinen Reisepass mit.«

Und tatsächlich. Der Lokalaugenschein in der Wohnung der Abgängigen zeichnete ein Bild, das mit einer geplanten Flucht aus dem bisherigen Leben nicht zusammenpasste. Es fehlten weder Kleidungsstücke noch persönliche Gegenstände. Selbst den vorhin erwähnten Reisepass haben wir in der Wohnung gefunden. Was mich ein weiteres Mal besonders nachdenklich stimmte, war die Ratte. Für dieses Tier hatte die Frau in der Vergangenheit, ohne mit der Wimper zu zucken, für eine aufwendige tierärztliche Behandlung tausend Schilling bezahlt. Lässt so jemand sein heiß geliebtes Haustier einfach im Stich? Nein, freiwillig war Gabriele Barta nicht verschwunden, das stand für mich fest.

Hermine Barta ging immer fest von einem Verbrechen aus: »Im ganzen Haus habe ich die Leute befragt. Niemand hat etwas mitbekommen, keiner hat Gabriele mehr gesehen seit dem 23. Juli. Manchmal wünsche ich mir, es wäre wenigstens laut gewesen, im Zuge eines Kampfes zum Beispiel, was die Nachbarn auf die Situation meiner Tochter aufmerksam gemacht hätte. Mir kommt das alles so unwirklich vor.«

In ihrer Verzweiflung gab Hermine Barta dem Freund ihrer Tochter die Schuld an Gabrieles Verschwinden. »Ich weiß nicht, was ich mir denken soll über diesen Erich. Er war zwar ihr Freund, wenn man das so nennen kann. Die beiden haben aber andauernd miteinander gestritten und ich kann mir gut vorstellen, dass er auch gewalttätig ihr gegenüber gewesen ist.«

Unsere Suche nach Erich entpuppte sich letzten Endes als erfolgreich. Wir forschten den Mann in mühevoller Kleinarbeit bei einem Schausteller in Niederösterreich aus und konfrontierten ihn mit dem, was wir wussten. Der Mann entpuppte sich jedoch als richtig »harter Junge«, der schon anderes erlebt hatte als Polizeibeamte, die ihre Erkenntnisse mehr auf Indizien denn auf Beweise stützen müssen. Es gelang uns nicht, den roten Faden zu finden, den man bei solchen Ermittlungen benötigte, und wir mussten Erich ziehen lassen.

Noch heute habe ich die gelassene Kaltschnäuzigkeit in Erinnerung, mit der er damals den Journalisten Rede und Antwort stand: »Also ich bin schon gespannt, wer noch aller kommt. Zuerst die Polizei, dann Gabis Mutter und jetzt Sie. Und wenn mich die Menschen noch so lange mit ihrer Fragerei quälen, ich weiß beim besten Willen nicht, wo Gabriele steckt.«

Erich blieb während mehrerer Befragungen bei seiner Version der Geschichte, wonach er Gabriele Barta am Abend des 23. Juli

1990 zwar nach Hause gebracht, ihre Wohnung dann aber verlassen hatte.

Fakt ist: Gabriele Barta verließ gegen ein Uhr morgens das Tanzcafé Pribitzer in Begleitung zweier Männer. Danach verliert sich ihre Spur. Ich gebe dem fehlenden sprichwörtlichen roten Faden die Schuld daran, dass wir Gabriele Bartas Fährte damals nicht aufnehmen konnten. Dieser Faden – er zieht sich durch jede polizeiliche Ermittlung – ist mal deutlich erkennbar, mal steckt er in einem kleinen, einem scheinbar unwichtigen Detail. Gelingt es einem Fahnder, diesen Faden aufzunehmen, lösen sich die komplexesten Fälle oft wie von selbst. Den roten Faden im Fall Gabriele Barta haben wir leider nie gefunden. Und so fehlt bis heute jede Spur der mittlerweile über 50-jährigen Frau, deren Mutter ganz bestimmt niemals aufhören wird, nach ihrer Tochter zu suchen.

Während der Arbeiten an diesem Buch habe ich meine alten Kontakte bemüht, noch einmal die gleichen Fragen gestellt, die damals unbeantwortet geblieben sind. Obwohl mittlerweile andere Zuständigkeiten herrschen als in den Neunzigern und sich im Polizeiapparat einiges geändert hat, ist es mir gelungen, den Fall Barta ins Bewusstsein der heute Zuständigen zu bringen. In welcher Weise diese damit umgehen werden und ob sie den roten Faden jetzt, dreiundzwanzig Jahre später, finden werden, kann ich noch nicht beurteilen.

Wenn ich heute durch das Viertel rund um den Rennweg spaziere, denke ich oft an die Ereignisse von einst. Ich bin vielen Theorien nachgegangen, habe einige davon wieder verworfen und andere trage ich bis heute in mir.

Was ich wirklich über den Fall Barta denke? Dass es ein Fall ist! Ein Kriminalfall. Gabriele Barta ist nicht verschwunden, sie wurde »entfernt«, brutal aus ihrem Leben gerissen.

Rund um das Rennwegviertel stehen heute Häuser, die zum Zeitpunkt von Gabriele Bartas Verschwinden noch Großbaustellen waren. Viel Glas und viel Beton, der sehr schnell trocknet und für immer verbirgt, was sich unter ihm befindet.

Hans – Der Traum vom Neuanfang

Benommen liegt der Wissenschaftler auf seinem Bett in dem kleinen, schäbigen Hotelzimmer. Es ist brütend heiß in dem winzigen Raum. An der Decke surrt ein Ventilator, der die abgestandene Luft durcheinanderwirbelt, ohne dabei für Abkühlung zu sorgen. Hans C. wälzt sich unruhig auf dem fleckigen Leintuch hin und her, während um seinen schweißnassen Körper träge ein paar Fliegen tanzen.

Der Mann schreckt hoch, als das laute Knattern eines Mopeds durch die geöffnete Balkontür zu ihm ins Zimmer dringt; er greift auf das Nachtkästchen, um auf seine Uhr zu sehen, und stößt dabei eine halbleere Flasche Wodka um, deren Inhalt an dem Schränkchen hinabläuft und langsam im abgetretenen Teppich versickert.

Stöhnend richtet sich der Wissenschaftler langsam auf und versucht zu begreifen, was letzte Nacht passiert ist.

Da klopft es. Stocksteif und stumm bleibt Hans C. auf der Bettkante sitzen. Zimmerservice gibt es in dieser Absteige keinen und niemand sollte wissen, wo er sich aufhält. Wer also kann jetzt vor seiner Tür stehen?

»Honey«, ertönt es ungeduldig von draußen, »open up, please!«

Erstaunt, aber auch erfreut steht der Mittvierziger auf und bittet kurz darauf seinen Gast einzutreten.

Am nächsten Tag ist der Wissenschaftler spurlos aus seinem Hotelzimmer verschwunden.

Der Chemiker Hans C., der in einer Zuckerfabrik arbeitete, lebte glücklich und zufrieden in soliden Verhältnissen in Niederösterreich. Er hegte allerdings schon lange den etwas abenteuerlichen Wunsch, sich mit dem Aufbau eines Wasserskiklubs in Thailand selbstständig zu machen. Er verbrachte jedes Jahr seinen Urlaub in dem asiatischen Ferienparadies, hielt sich zwischendurch auch immer wieder aus geschäftlichen Gründen in dem Land auf und hatte sich nach und nach in Land und Leute verliebt – besonders in Betty Ch., die in Bangkok lebte und die er seinem Schwager Bernhard und seiner Schwester Isabell gegenüber als Liebe seines Lebens bezeichnete.

Im Frühjahr 1992 kündigte der Chemiker in der Zuckerfabrik und befand sich ab August 1992 bereits durchgehend in Thailand, um seinen Traum vom Neuanfang konkret zu planen und Schritt für Schritt in die Tat umzusetzen. Den Kontakt zu seiner Heimat ließ der Auswanderer aber nie ganz abreißen, er telefonierte regelmäßig mit seiner Schwester und deren Ehemann, ebenso entstand ein reger Briefwechsel von Kontinent zu Kontinent.

Als Bernhard R. am 11. Juni 1993 mit seinem Schwager telefonierte, ahnte er nicht, dass der nächste Anruf aus Thailand nicht von Hans C., sondern vom Geschäftsführer eines Hotels, in dem der Chemiker offenbar zuletzt wohnte, stammen würde – zwölf Tage nach dem letzten Gespräch mit Hans C. wurde seiner Familie mitgeteilt, dass der Mittvierziger aus seiner Unterkunft in Bangkok verschwunden wäre. Da der Mann Reisepass, Visakarte und persönliche Kleidung im Zimmer hinterlassen hatte, erstatteten die Verantwortlichen des Hotels eine Abgängigkeitsanzeige bei der thailändischen Polizei.

Bei Bernhard R. schrillten die Alarmglocken. Er wusste, dass sein Schwager viel Geld bei sich hatte – Hans C. war mit einer Million Schilling im Handgepäck nach Thailand geflogen. Es handelte sich dabei um Geld aus dem Verkauf einer Eigentumswohnung, Geld, das nach dem Verschwinden des Österreichers in seiner Unterkunft nicht aufgefunden werden konnte.

Am 16. August 1993 wurde der Wiener Hans C. von seiner Familie als abgängig gemeldet und die Interpol Bangkok eingeschaltet.

Tage später ging ein seltsamer Anruf bei Isabell R. ein. Die Schwester von Hans' großer Liebe war am Telefon und erzählte, dass Betty bereits Monate zuvor aus Thailand abgereist war und sich in Dänemark aufhielt. Sie nannte Isabell R. eine Telefonnummer, unter der sie Betty Ch. erreichen konnte – doch: Fehlanzeige. Unter besagter Nummer hob ein Mann ab, der, nachdem Isabell R. erklärt hatte, wer sie war, gleich wieder auflegte.

Inzwischen verfügte die Interpol Bangkok über einige Hinweise. Die Beamten in Thailand konnten sogar die Identität der mysteriösen Betty Ch. lüften. Diese war keine Frau, sondern ein sogenannter »Ladyboy«, ein zur Frau umoperierter Mann. Trotz dieses Teilerfolges der Ermittler konnte der Aufenthaltsort von Betty Ch. nicht festgestellt werden. Auch gab es immer noch keine Anhaltspunkte zum Verbleib des Abgängigen.

Die ganze Welt war zu diesem Zeitpunkt in die Fahndung nach Hans C. involviert, man konnte sich absolut nicht sicher sein, dass sich der Mann noch in Thailand aufhielt. Ebenso wurde rund um den Globus nach seiner »großen Liebe« gesucht. Die meisten Hinweise, die allesamt ins Leere liefen, wanderten dabei über meinen Tisch.

Ende August 1993 landete die Interpol Kopenhagen tatsächlich einen Treffer. Die Kollegen in Dänemark konnten Betty Ch. ausforschen und einvernehmen. Der Ladyboy sprach von Hans C. als seinem Liebhaber, mit dem er wochenlang in verschiedenen thailändischen Hotels zusammengelebt hatte. Irgendwann während dieser Zeit hatte Hans Betty dann von seinen Plänen im

Hinblick auf den Wasserskiklub erzählt und ihr anvertraut, dass er über eine beträchtliche Geldsumme verfügen würde. Diese wäre in Form eines Sparbuchs auf einer Bank in Thailand hinterlegt. Zugang zum Safe, in dem sich das Sparbuch befunden hatte, hätten angeblich nur er selbst und ein leitender Angestellter der Bank gehabt.

Obwohl Betty unglaubwürdig wirkte – sie konnte zum Beispiel nicht plausibel erklären, warum sie so plötzlich nach Dänemark gereist war und woher das Geld für die Reise stammte –, wurde sie nicht festgenommen. Sie galt nach wie vor als Auskunftsperson, zumal verschiedene Augenzeugen berichteten, den Verschwundenen in den Folgewochen mehrmals – vorwiegend betrunken und in Begleitung von Prostituierten – gesehen zu haben.

Da auch nachfolgende intensivste Recherchen kein Licht in die Angelegenheit brachten, ersuchten die Österreicher Interpol Wiesbaden um Rechtshilfe. Von den deutschen Kollegen wussten wir, dass sie einen verdeckten Fahnder in Bangkok sitzen hatten, der als Experte für den asiatischen Raum galt. Während die Ermittlungen in alle Richtungen weiterbetrieben wurden, durchleuchteten meine Kollegen den finanziellen Status von Hans C. genauer. Er war tatsächlich Inhaber eines Banksafes und verfügte neben dem Millionensparbuch über weiteres beträchtliches Vermögen, auf welches aber mangels Vollmacht von uns nicht zugegriffen werden konnte.

Zeitgleich wurden noch einmal die Umstände des Verschwindens des Chemikers beleuchtet unter Miteinbeziehung einer bis dahin noch nicht in Betracht gezogenen Unfalltheorie. Nach dem bis zu diesem Zeitpunkt vorliegenden Wissensstand hatte der Chemiker – ziemlich sicher alleine – das Hotel mit witterungsbedingt leichter Kleidung und einer kleinen Tasche verlassen.

Dies hätte darauf hindeuten können, dass er sich zum Schwimmen an den Strand begeben wollte. Zu dieser Jahreszeit herrschten jedoch an den von Hans C. bevorzugten Stränden starke Unterströmungen, denen jährlich viele Menschen zum Opfer fielen. War womöglich ein Badeunfall Auslöser dieser komplexen Fahndungsmaßnahmen gewesen?

Die Ermittlungen im persönlichen Umfeld des Abgängigen in Thailand ließen jedenfalls den Schluss zu, dass Hans C. an seinem Aufenthaltsort sehr bekannt gewesen war und vorwiegend Kontakte in die Ladyboy-Szene gepflegt hatte. Mehrere dieser »Damen« bestätigten, dass Hans C. als sehr beliebt galt und zu keinem Zeitpunkt seines Aufenthaltes Schwierigkeiten hatte.

Nach wochenlangem Stillstand in den Ermittlungen überschlugen sich dann plötzlich die Ereignisse, die ihren Anfang mit der Verhaftung von Michael K. nahmen.

Im November 1993 wurde der deutscher Staatsbürger aus Gründen, die nichts mit dem Fall zu tun hatten, auf eine Polizeistation in Phuket gebracht. Dort berichtete der Mann von sich aus über den gesuchten Österreicher, der sich angeblich immer noch im Rotlichtviertel von Bangkok aufhielt und mit Drogen handelte. Michael K. wollte Näheres über Hans C. allerdings nur erzählen, wenn man ihn so schnell wie möglich nach Bangkok brächte. Dieser Deal erwies sich allerdings rasch als Schlag ins Wasser. Der Festgenommene hatte nur geblufft und sich von einer Aussage, selbst wenn sich diese danach als falsch herausgestellt hätte, Vorteile für seine Verhandlung in Deutschland versprochen, wohin er mittels Haftbefehl ausgeliefert wurde. Mit Hans C. hatte der Mann nachweislich nichts zu tun.

Um eine weitere mysteriöse Begebenheit im Fall C. handelte es sich bei einem Anruf, der bei der Schwester des Abgängigen einging. Eine Frau, die sich als Bewährungshelferin von Hans ausgab, teilte mit, dass dieser unter Zwang in der thailändischen Drogenszene hatte arbeiten müssen und nun in Berlin-Tegel inhaftiert wäre. So unglaubwürdig die Anruferin auch klang, als sie das Vermögen von Hans C., insbesondere das Sparbuch in Thailand, zur Sprache brachte, verschlug es Isabell R. doch die Rede. Die Fremde am Telefon las danach auch noch aus einem angeblichen Nachlassbrief ihres Bruders vor, in dem dieser ihren genauen Namen und ihre exakte Wohnadresse angeführt hatte. Handelte es sich dieses Mal um eine echte Spur? Wer war die Bewährungshelferin, die sich Frau Schulz nannte, wirklich? Isabell R. bat um Geduld und vereinbarte einen Termin für ein abermaliges Telefongespräch. In der Zwischenzeit wurden in Deutschland Ermittlungen angestellt, die ein rätselhaftes Ergebnis lieferten: Es existierte keine Bewährungshelferin, die Schulz hieß. Und es gab keinen Hans C., der in Berlin-Tegel einsaß.

Tage später rief die vermeintliche Frau Schulz wieder an. Darauf angesprochen, dass sie keine Bewährungshelferin wäre, gab sie unumwunden zu, dass das stimmte. Isabell R. wurde also ein weiteres Mal enttäuscht und Opfer eines hinterhältigen Racheplans: Frau Schulz war nämlich in Wahrheit Alice Neumann, eine Prostituierte, die Isabells zu diesem Zeitpunkt bereits geschiedenen Mann, Bernhard R., kannte. Der hatte durch die Geschichte in seiner Exfrau Hoffnungen wecken wollen, nur um diese dann grausam zu zerschlagen.

Dann wurde auch noch versucht, mit dem Verschwinden von Hans C. Geld zu machen: Ein in Deutschland einsitzender Häftling behauptete zu wissen, wo sich der Vermisste befand. Er gab an, dass der Abgängige in Thailand in einem Labor an der Herstellung chemischer Drogen arbeitete. Der Häftling war bereit – so lautete die Auskunft von Interpol Wiesbaden – den Aufenthaltsort von Hans C. gegen eine hohe Belohnung zu verraten. Isabell R. hoffte wieder, hoffte wochenlang, spielte auch mit dem Gedanken, zu bezahlen, bis sie den Kontakt zu dem Strafgefangenen letztendlich abbrach. Zu oft hatte sich dieser bereits in Widersprüche verstrickt, bis er am Ende ebenfalls als unglaubwürdig bezeichnet werden musste.

Ladyboys mit unklaren Absichten. Sträflinge, die sich am Schicksal von Hans C. bereichern wollten. Geschiedene Ehemänner, die den Fall C. als Grundlage für ihre persönliche Rache benutzten – sie alle haben dazu beigetragen, dass das Verschwinden des Chemikers Stoff für einen spannenden Film bieten würde.

Die Familie rund um Isabell R. kam irgendwann zu dem Schluss, dass Hans C. entweder tot oder aber aus eigenem Willen untergetaucht sein musste, und hat ihre Bemühungen eingestellt.

Die Abgängigkeit von Hans C. wird weiter verwaltet als Vermerk in den Fahndungsdateien von Interpol und des Österreichischen Bundeskriminalamtes. Bis heute sind die Verstrickungen mehrerer in den Fall involvierter Personen äußerst undurchschaubar.

Verloren und wiedergefunden

Oft sind Angehörige einer vermissten Person, die in der hektischen Welt des Alltags vielleicht nicht nur physisch, sondern vor allem seelisch verloren gegangen sind, nicht glücklich, wenn die Ermittler diese wiederfinden – weil sie den Betreffenden dann unter Umständen tatsächlich für immer verloren haben. Denn leider tauchen Abgängige häufig auch tot auf – wenn es einen Unfall gab, ein Selbstmord vorliegt oder gar Totschlag beziehungsweise Mord im Spiel war.
Dennoch hören Fahnder häufig: »Aber jetzt haben wir wenigstens Gewissheit und können abschließen!«
Nachfolgend ein paar Fälle, bei denen lange nicht klar war, was den Abgängigen tatsächlich zugestoßen sein mochte.

Harald – Keine Reise mit der Transsibirischen Eisenbahn

Harald sitzt in der Küche seiner Wohnung, die er sich mit einem Bekannten namens Markus teilt, der ihm gegenübersteht und sich gerade einen Kaffee kocht. Die beiden jungen Männer lachen über einen Witz, der gerade im Radio erzählt wurde, und plaudern dann über unwichtige Dinge wie das Wetter und den Baulärm auf der Straße, der schon seit Tagen andauert und die beiden nervt. Harald erzählt Markus dann noch, dass er am nächsten Tag bei seiner Mutter zum Mittagessen eingeladen sei, und betont, dass er sich darauf schon freue.

Plötzlich läutet das Telefon, Harald springt auf, als hätte er den Anruf erwartet, und nimmt den Hörer ab. Markus geht in der Zwischenzeit in sein Zimmer, in dem seine Freundin Silvia auf ihn wartet. Kurz darauf verlässt Harald – laut die Türe hinter sich zuknallend – die Wohnung, ohne sich von seinem Mitbewohner zu verabschieden und mitzuteilen, wann in etwa er wieder nach Hause kommen würde, so wie er es üblicherweise immer macht.

Am anderen Ende der Stadt kocht am nächsten Tag Haralds Mutter die Leibspeise ihres Sohnes, Spaghetti Bolognese. Doch Harald trifft nie im Elternhaus ein, er ist verschwunden, und mit ihm sein Reisepass.

Herr und Frau Wolf machten sich große Sorgen: Ihr Sohn Harald war wie vom Erdboden verschluckt; bereits über einen Monat lang hatte niemand mehr ein Lebenszeichen von dem jungen Mann erhalten. Die beiden meinten zu spüren, dass dem 37-Jährigen etwas zugestoßen sein musste, doch sie hofften – so wie das

Angehörige einer vermissten Person immer bis zuletzt tun –, dass sie sich irrten.

Auf dem zuständigen Wiener Kommissariat hatte man den verzweifelten Eltern nach dem Erstatten der Abgängigkeitsanzeige an dem Tag, an dem er nicht zum Essen gekommen war, bereits mehrmals mitgeteilt, dass der junge Mann sicher bald wieder auftauchen würde. Doch das Vertrösten genügte dem älteren Ehepaar schon lange nicht mehr, und so nahm das Sicherheitsbüro im Frühjahr 1992, nach der glaubwürdigen Aussage der Mutter »Harald ist ein wenig eigenwillig, aber er würde niemals seine Wohnung für längere Zeit verlassen, ohne uns darüber zu informieren« die Arbeit auf.

Ich fragte vorsichtig bei den Eltern nach, was Harald, der zum Zeitpunkt seines Verschwindens keiner geregelten Arbeit nachging, ihrer Meinung nach zugestoßen sein könnte.

»Wenn wir das nur wüssten! Wir haben nicht die geringste Ahnung! Am Kommissariat meinte man, unser Sohn würde sich wahrscheinlich bei seiner Freundin aufhalten. Aber das glauben wir nicht. Unseres Wissens nach gibt es auch gar keine Frau in seinem Leben.«

Nach einer kurzen Überprüfung konnte ich das Ehepaar Wolf dahingehend beruhigen, dass in den letzten beiden Monaten keine unbekannte Leiche aufgefunden worden war, auf welche die Beschreibung ihres Sohnes zutreffen würde. Ebenso war auch keine unbekannte Person in einem Krankenhaus aufgetaucht. Ich versprach, mich bei den Kollegen nach dem aktuellen Ermittlungsstand zu erkundigen, und bat die beiden, ein paar Tage später wiederzukommen.

Ich fand es ein wenig seltsam, dass sich der Mitbewohner von Harald Wolf, Markus H., noch kein einziges Mal nach dem Verbleib seines Freundes erkundigt hatte – wenn schon nicht bei der Polizei, dann hätte er zumindest bei den Eltern nachfragen können. Angeblich war Harald am Vormittag seines Verschwindens nach einem Telefonanruf Hals über Kopf aus der Wohnung gestürzt, das hatte der Mitbewohner zumindest berichtet, als man ihn zu Beginn der Nachforschungen befragt hatte.

Einige Tage später saß das Ehepaar Wolf wieder in meinem Büro und meine erste Frage galt Markus H.

»Ja, dieser H. – da stimmt was nicht!«, ereiferte sich Herr Wolf. »Dem war es völlig egal, als Harald verschwand. Meine Frau und ich sind natürlich auch schon in der Wohnung gewesen. Sie hätten sehen müssen, wie es dort jetzt aussieht. Total verdreckt. Und die Freundin von diesem H., die wohnt jetzt auch schon dort. Am liebsten hätte ich diese Schlampe hinausgeschmissen. Aber dieser Mensch, ja, der ist ja gefährlich. Den müssen Sie unbedingt einvernehmen. Ich sag Ihnen, der ist schuld am Verschwinden unseres Sohnes. Sie sollten mal erleben, wie sich dieser H. verhält. Ganz und gar so, als wäre er völlig sicher, dass Harald nicht mehr zurückkommt.«

Die Mutter des Verschwundenen äußerte sich ganz ähnlich, wenngleich sie sich auch ein wenig vorsichtiger und gewählter ausdrückte: »Mein Mann sagte es ja schon! Dieser H. ist falsch. Außerdem hat sich seine Freundin bereits in der Wohnung eingenistet und die beiden verhalten sich, als hätten sie jetzt alles für sich alleine. Und irgendwie meine ich am Verhalten von dem H. zu erkennen, dass er weiß, wo sich unser Sohn aufhält – vielleicht hat er ihn sogar umgebracht! Diesem Menschen traue ich alles zu!«

»Vielleicht weiß dieser H. ja wirklich, was geschehen ist – dass sich Ihr Sohn beispielsweise ins Ausland abgesetzt hat, und lügt bezüglich dieses Telefonanrufs und des grußlosen Verschwindens«, mutmaßte ich, »immerhin fehlt auch Haralds Pass.«

Herr und Frau Wolf schüttelten energisch den Kopf, doch meine Frage, warum der Mitbewohner Harald getötet haben sollte, blieb unbeantwortet.

Ich nahm mir vor, Markus H. vorzuladen und einzuvernehmen, und das möglichst bald, noch bevor Herr Wolf eine Dummheit machen und sich »diesen Schweinehund vorknöpfen« könnte, wie er angedroht hatte.

Bereits am nächsten Tag stand der Mitbewohner von Harald in meinem Büro und sagte noch im Stehen: »Ich habe eine Vorladung bekommen, wegen diesem Wolf. Ich wüsste nicht, was ich Ihnen da sagen könnte«, wobei er ungeduldig und sichtlich genervt, möglicherweise auch extrem nervös, von einem Fuß auf den anderen trat.

Der Mann war gut 1,95 Meter groß, wirkte sehr grobschlächtig und erinnerte mich aufgrund der ungepflegten Haarpracht auf dem Kopf und im Gesicht ein wenig an Rübezahl. Markus H. strahlte etwas Rohes aus, man hätte ihm durchaus ein Gewaltverbrechen zutrauen können. Doch oft sind ja gerade die unscheinbaren, harmlos wirkenden Menschen brutale Killer, und jene, die aussehen wie irre Schlächter, harmlose Lämmchen, die nicht einmal einer Fliege etwas zuleide tun können.

Auf meine Aufforderung hin nahm der Riese Platz, musterte mich aus kalten Raubtieraugen und erklärte mir dann mit überheblicher Miene: »Ich weiß nicht, wo dieser Wolf steckt. Das war ein echter Spinner. Bei dem wusste man ja nie, was in seinem Kopf vorging. Im Übrigen habe ich nicht viel Zeit, also, was wollen Sie von mir?«

Viel mehr bekam ich dann auch tatsächlich nicht zu hören: Markus H. hatte seinen Mitbewohner angeblich das letzte Mal am 5. Mai in der Wohnung gesehen. Allerdings meinte er, als ich ihn auf die mangelnde Sorge um seinen Freund ansprach und darauf, dass er wohl nicht damit rechnen würde, dass Harald zurückkäme, weil bereits seine Freundin eingezogen wäre: »Da haben Ihnen wohl Haralds Eltern erzählt, dass ich ihn umgebracht habe. Die sind ja bescheuert, genau wie ihr Sohn. Ich sagte ja schon, dieser Wolf war ein Spinner und überhaupt, er war nicht mein Freund! Wir bewohnten gemeinsam eine Wohnung, sonst nichts!«

Ich schluckte – Markus H. hatte »war« gesagt, zwei Mal!

Als ich nachhakte, erhielt ich folgende Erklärung: »Mensch, das sagt man halt so! War oder ist – mir ist dieser Wolf völlig egal, genauso wie mir seine Eltern egal sind! Und dieser alte Wolf, der gehört in die Psychiatrie! Harald hat am Vormittag einen Telefonanruf erhalten, daraufhin ist er aus der Wohnung geschossen, ohne ein weiteres Wort. Und seitdem habe ich von ihm nichts mehr gehört. Basta! Ihre Kollegen waren ja eh auch schon in der Wohnung und haben alles durchsucht und dieselben Fragen gestellt, die Sie jetzt stellen. Dem Harald ist überhaupt nichts passiert. Der ist auf und davon und fährt jetzt mit der Transsibirischen Eisenbahn durch die Gegend. Das wollte er immer schon machen.«

Das war mir neu. Ob wohl Haralds Eltern diesen Wunsch ihres Sohnes kannten?

Dann wollte ich noch wissen, warum sich Harald nach einem Telefonat, ganz spontan und ohne Gepäck, auf eine Reise begeben sollte. Daraufhin meinte der Mann nur lapidar, dass Herr Wolf nichts besessen habe, was er hätte mitnehmen können.

Ich wusste, dass ich nun nichts mehr erfahren würde, und bat um einen Besuch seiner Freundin, Silvia S., bei mir im Büro. Diese war bereits am nächsten Morgen zur Stelle. Sie erzählte mir dieselbe Geschichte – exakt dieselbe.

Harald Wolfs Eltern konnte ich wenig später nichts Neues berichten. Ich fragte nach geplanten Reisezielen ihres Sohnes, doch von einer Fahrt mit der Transsibirischen Eisenbahn wussten die beiden nicht das Geringste.

Natürlich fand ich die Geschichte seltsam, durfte aber auch nicht außer Acht lassen, dass die Kollegen keinen Reisepass von Harald Wolf in der Wohnung vorgefunden hatten. Und es gab keine Leiche, somit konnte ich niemanden des Mordes verdächtigen. Außerdem besaßen weder H. noch seine Freundin ein Auto. Wenn die beiden an einem eventuellen Tod des jungen Mannes tatsächlich beteiligt gewesen waren, dann konnten sie ihn nicht in der Wohnung getötet haben, denn dort wurden weder Kampf- oder Blutspuren noch andere ein Gewaltverbrechen vermuten lassende Hinweise entdeckt. Natürlich hätten H. und seine Freundin Zeit genug gehabt, vorhandene Spuren zu verwischen. Aber eine Leiche unbemerkt aus der Wohnung zu bringen, dann ohne Fahrzeug abzutransportieren und so zu verstecken, dass man sie nach mehr als einem Monat noch nicht gefunden hatte – dazu gehörte schon eine gute Logistik und vor allem Härte. Natürlich war das zu schaffen, aber solch eine Vorgangsweise würde eher zu einem geplanten Mord passen. Und das wollte ich nicht glauben. *Falls* tatsächlich ein Verbrechen geschehen war, dann eher aus einer Affekthandlung heraus, und die wiederum ließ sich für mich mit einer tadellosen Wegschaffung der Leiche nicht in Einklang bringen.

Ein paar Tage später saß mir erneut das Ehepaar Wolf gegenüber, sichtlich aufgeregt. Sie erzählten mir, dass sie Herr H. mit einem Messer bedroht hatte. Frau Wolf schilderte: »Mein Mann wollte wieder mit ihm sprechen, daher fuhren wir beide zu ihm in die Wohnung. Vorerst reagierte er auf unser Läuten gar nicht. Mein Mann hat angefangen zu rufen und wurde lauter. Das hat den Kerl dann doch bewogen, die Tür zu öffnen. Aber von einem Gespräch konnte da keine Rede sein. H. meinte, er wolle seine Ruhe haben und fing an, uns beide zu beschimpfen!« Herr Wolf legte seiner Gattin beruhigend die Hand auf den Arm und setzte an ihrer Stelle fort: »Ich sagte ja schon, ich würde mir von diesem H. nichts gefallen lassen. Und beschimpfen lasse ich mich schon gar nicht! Ich ging also auf ihn zu und warf ihm vor, unseren Sohn umgebracht zu haben. Daraufhin rastete der Typ fast aus. Er bekam einen hochroten Kopf und seine Augen traten aus den Höhlen. Er schrie uns mit geschwollenem Hals an, wir sollen uns sofort verziehen und aufhören, diesen Blödsinn zu verzapfen. Wenn wir nicht sofort Ruhe gäben, dann würde er uns abstechen. Plötzlich hatte er ein riesiges Messer in der Hand und fuchtelte damit wie von Sinnen vor unseren Augen herum, wir hatten eine Todesangst vor diesem Irren!« Frau Wolf war den Tränen nahe, als sie wieder übernahm: »Ich habe dann meinen Mann davon überzeugen können, dass es besser wäre, H. in Ruhe zu lassen und diesen Vorfall der Polizei zu melden. Dieser furchtbare Mensch wollte uns umbringen – bitte unternehmen Sie jetzt etwas! Das ist ein kaltblütiger Mörder, das sage ich Ihnen!«

Somit lud ich Markus H. und seine Freundin Silvia S. erneut vor – das Ergebnis war gleich null. Die beiden vertraten die Ansicht, Harald Wolf sei mit der Transsibirischen Eisenbahn auf Reisen und würde so bald nicht zurückkommen.

Und auch wenn es Verdachtsmomente gegen die beiden gab, so waren sie mit nichts zu untermauern, und ich konnte sie schließlich nicht aufgrund von auffälligem Verhalten festnehmen lassen. Auch wenn Haralds Eltern weiterhin an die Theorie vom »Mörderpärchen« glaubten, fürchtete ich, dass diese Spur in eine Sackgasse führen und dort vermutlich sogar enden würde, sollten nicht neue Hinweise einlangen.

Die Grenzen, an die man stößt, wenn man sich an die Gesetze hält, lassen Angehörige von Vermissten oft verzweifeln – das war auch im Fall Wolf nicht anders.

Gerade an dem Tag, als ich dachte, ich müsste mit meinen Ermittlungen wieder ganz von vorne anfangen, neue Wege beim Recherchieren einschlagen und andere mögliche Szenarien in Betracht ziehen, erhielten wir Gewissheit.

Am 27. Jänner 1993 wurde im Zuge von Adaptierungsarbeiten beim Niederreißen der Außenwand eines Kellerabteils in Wien Donaustadt von Bauarbeitern ein eingemauerter Sack entdeckt, der eine in mehrere Plastikplanen eingewickelte und mit Klebebändern fixierte, stark verweste Leiche beinhaltete. Der Körper war in einer Ecke des Kellerabteils mit Ytong-Ziegeln in einem Schacht mit einer Grundfläche von ca. 50 x 50 Zentimeter eingemauert worden. Um das Umfallen der Leiche zu verhindern, hatte man ihr einen Streifen Jute um den Oberkörper geschlungen und diesen mit Nägeln an der Mauer befestigt.

Die Identität des Toten blieb zunächst ungeklärt, lediglich das Geschlecht konnte festgestellt werden – es handelte sich um einen Mann. Informationen über den genauen Todeszeitpunkt sowie über die Todesursache würden wir nach der gerichtlichen Obduktion erfahren. Und dann fanden die Spurensucher in dem Sack einen Reisepass – den Harald Wolfs!

In den Unterlagen des Abgängigenaktes fanden wir schlussendlich auch noch eine Übereinstimmung eines besonderen Kennzeichens von Leiche und Abgängigem, nämlich eine Tätowierung am rechten Oberarm.

Der dringende Tatverdacht richtete sich nun nicht mehr gegen Markus H. und Silvia S., sondern gegen den Mieter des Kellerabteils, in dem die Bauarbeiter den Toten gefunden hatten. Diesbezügliche erste Ermittlungen ergaben, dass jener erst sieben Tage vor dem Auffinden der Leiche nach Verbüßung einer längeren Freiheitsstrafe wegen Suchtgifthandels aus der Haft entlassen worden war. Nach Einholung eines Haftbefehls wurde der Verdächtige, Hannes W., zur Festnahme ausgeschrieben.

Mittlerweile lagen erste Erkenntnisse der Obduktion vor. Danach war an der Leiche der Kehlkopf eingedrückt und es bestand daher, wie längst vermutet, der Verdacht auf eine gewaltsame Todesursache!

Am 29. Jänner 1993 um 11.50 Uhr stellte sich Hannes W. im Wiener Sicherheitsbüro. Doch war dieser unscheinbare Typ wirklich ein Mörder? Oder handelte es sich bei ihm vielleicht um das Opfer einer Intrige und man hatte ihm den Leichnam untergeschoben? Konnten wir jetzt endlich die Umstände, die zum Tod von Harald Wolf geführt hatten, restlos aufklären, oder sollte sich auch dieser Tatverdächtige als unschuldig erweisen?

Hannes W. wurde mehrmals einvernommen und erzählte verschiedene Versionen des Tatherganges, wobei er beharrlich bestritt, gegen Harald Wolf Gewalt ausgeübt zu haben. Laut seiner letzten Version hätte sich Folgendes ereignet:

Hannes W. kannte das Opfer etwa seit der zweiten Hälfte des Jahres 1989 und traf es immer wieder zufällig in Lokalen. Auch einen Tag bevor Harald Wolf als abgängig gemeldet wurde, traf er ihn in einer Bar in Wien 20. Gegen 20 Uhr verließen sie gemeinsam das Lokal, um noch woanders hinzugehen. Zuvor wollte sich Hannes W. jedoch noch einen Schuss Heroin setzen, weshalb sich beide in dessen Wohnung begaben. Der Tatverdächtige schenkte Harald Wolf etwa ein Zehntel Gramm Heroin, das dieser sich selbst zubereitete. Als Wolf sich in der Küche den Schuss injizierte, sank er plötzlich zu Boden und rührte sich nicht mehr. Die Wiederbelebungsversuche des Tatverdächtigen blieben erfolglos. In der darauffolgenden Nacht verpackte Hannes W. die Leiche seines Bekannten in Plastikplanen und den Jutesack, schleifte das Paket von seiner Wohnung im zweiten Stock über die Stiegen bis in sein Kellerabteil und versperrte dieses. Schlussendlich mauerte er die Leiche am folgenden Tag ein. Angesprochen auf den eingedrückten Kehlkopf des Opfers, meinte der Tatverdächtige, diese Verletzung könnte möglicherweise beim Verschnüren oder beim Hinunterschleifen der Leiche über die Stufen verursacht worden sein!

Aufgrund des vorliegenden Sachverhaltes wurde Hannes W. in das Gefangenenhaus beim Landesgericht Wien eingeliefert. Wenngleich der Tatverdächtige das Verpacken und Einmauern der Leiche nicht bestritt, konnte ihm eine Gewaltanwendung am Opfer, die zum Tode führte, im anschließenden Gerichtsverfahren nicht nachgewiesen werden! Somit kam der Mann rasch wieder frei.

Wo sich das Opfer am Tag vor seinem Verschwinden, nach dem Verlassen seiner Wohnung, und die Nacht darauf aufgehalten hatte, konnte nie geklärt werden – ebenso wenig, wer am Telefon gewesen und warum der Mann mit seinem Reisepass weggegangen war.

Lisa – Ein folgenschwerer Irrtum

Die zweijährige Lisa bummelt mit ihrem Vater über den Stephansplatz – der Papa zeigt ihr den bewegungslosen weißen Mann, der lebendig ist, aber aussieht wie eine Statue. Er darf sich nicht rühren, nicht einmal blinzeln, erfährt das Kind, auch dann nicht, wenn man ihn anstupst oder Faxen vor ihm macht. Lisa kräht einen kurzen Witz und hofft, dass sie den weißen Mann zum Lächeln bringt, doch der verzieht keine Miene. Enttäuscht packt sie ihren Vater am Arm und zieht ihn weiter. Später soll sie ein Eis bekommen, darauf freut sie sich schon den ganzen Tag. Die Leckerei hat ihr die Mama heute am Telefon versprochen, damit sie ihr neues rosa Kleid mit den blauen Streifen anzieht, das sie eigentlich gar nicht leiden kann.

Lisa hält die Hand des Papas ganz fest, denn um sie herum laufen die Menschen auf und ab, ohne auf das kleine Mädchen zu achten. Die meisten Leute haben es furchtbar eilig, aber einige stehen auch herum und fotografieren den riesigen Dom. Da vernimmt Lisa Musik, sie zieht ihren Vater in die Richtung, aus der sie ein lustiges Lied hört, und die beiden bleiben vor einer Gruppe Straßenmusikanten stehen. Das kleine Mädchen lässt kurz die Hand des Vaters los, weil ihre Nase juckt und sie sich kratzen muss, als plötzlich jemand nach ihr greift und sie hinter sich herzerrt. Lisa blickt noch einmal zu den Musikern und sieht ihren Papa dort stehen, doch er bemerkt gar nicht, dass sie nicht mehr da ist. Sie kann vor Schreck gar nicht schreien, ist wie in Trance, und lässt sich willenlos wegführen.

Am 16. Juni 1990 bekamen wir einen Anruf von Kollegen aus dem 1. Bezirk: Ein zwei Jahre altes Mädchen wurde vermisst. Jetzt war Eile geboten und rasches Handeln erforderlich – bei einem so kleinen Kind lief die Zeit nicht davon, sie raste. Der Sachverhalt stellte sich folgendermaßen dar: Die kleine Lisa S. war an der Hand ihres Vaters am Stephansplatz spazieren gegangen. Bei einer Gruppe von Straßenmusikanten hatten die beiden kurz haltgemacht, als dem Vater plötzlich bewusst geworden war, dass er den Händedruck seiner Tochter nicht mehr spürte – Lisa hatte sich zu diesem Zeitpunkt nicht mehr neben ihm befunden. Nach einer kurzen vergeblichen Suche in der Menschenmenge war der verzweifelte Vater auf das nächstgelegene Wachzimmer gelaufen, um die Abgängigkeit zu melden. Polizisten aus dem 1. Bezirk hatten sich daraufhin sofort auf die Suche am Wiener Stephansplatz und in der näheren Umgebung gemacht – ohne Erfolg.

Ich überlegte, wo ich zuerst ansetzen sollte, welche weiteren Maßnahmen am sinnvollsten wären und hoffentlich dafür sorgen würden, dass die Kleine wohlbehalten nach Hause zurückkehren und die Nacht bereits in ihrem Bettchen verbringen würde.

Aber Lisa konnte überall sein: in einem Gebäude, in das sie selbst gelaufen oder in das sie hineingelockt worden war. Oder sie irrte irgendwo draußen orientierungslos herum.

Anfragen bei Krankenhäusern und Rettungsdiensten verliefen vorerst negativ. Es wurden auch die Kindesmutter, die sich auf einer Geschäftsreise im Ausland befand, sowie Verwandte und Bekannte befragt – ebenfalls ergebnislos.

Der verzweifelte Vater traf letztendlich auch bei mir im Sicherheitsbüro ein, brachte ein Foto von seiner Tochter mit und beschrieb uns, wie das Kind zum Zeitpunkt des Verschwindens gekleidet gewesen war.

Die Fahndungsmaßnahmen nach Lisa als abgängiger Minderjährigen wurden österreichweit eingeleitet. Zusätzlich erfolgte innerhalb Wiens mittels Fernschreiben eine Verständigung aller 23 Bezirkspolizeikommissariate inklusive Wachzimmer, mit dem Ersuchen um besondere Aufmerksamkeit. Währenddessen sahen sich weiterhin Einsatztruppen auf dem Stephansplatz um und befragten Passanten, darüber hinaus waren sämtliche Funkstreifen im Bundesgebiet Wien auf Lisa sensibilisiert.

Aber mit einem Auto konnte ein mutmaßlicher Entführer Wien schnell verlassen und deshalb hatte eine sofortige Fahndungsausweitung auf die Bundesländer zu erfolgen, außerdem mussten die Grenzkontrollen und Interpol verständigt werden.

Der Fahndungstext lautete:

> Aufenthaltsermittlung abgängige Minderjährige, Lisa S., geboren am 12.3.1988 in Wien, österreichische Staatsbürgerin, zuletzt wohnhaft Wien 13, Hietzinger Hauptstraße 222, abgängig seit 16.6.1990 gegen 12.30 Uhr von Wien 1, Stephansplatz. Das Mädchen hat blondes, leicht gewelltes Haar, blaue Augen und ist bekleidet mit rosa Kleid mit hellblauen Querstreifen und roten Lackschuhen. Verbrechen befürchtet.

Das Fernschreiben kam zum Journaldienst des Sicherheitsbüros, von wo aus man es mittels Luftpost zur Fernschreibstelle weiterleitete.

Im nächsten Schritt verständigte ich den ORF und wir vereinbarten, dass ein Lichtbild mit einem kurzen Fahndungstext in den Fernsehprogrammen zwischen den Sendungen eingeblendet werden sollte. Gleichzeitig sandten wir den Sachverhalt von Lisas Abgängigkeit an unsere Pressestelle. Diese veranlasste eine Presseaussendung an die Austria Presseagentur (APA), die wiederum ihrerseits eine Aussendung an österreichische und internationale Medien sandte. Fazit: Im Nu war bei uns die Hölle los.

Was war mit Lisa geschehen? Hatte wirklich jemand ein kleines zweijähriges Mädchen vor den Augen seines Vaters entführt? Lebte das Kind überhaupt noch oder wurde es vielleicht gerade gequält?

Mittlerweile war es 16 Uhr. Im ORF lief bereits die erste Fahndungsverlautbarung mit einem Lichtbild von Lisa. Wie üblich langten einige Hinweise ein – deren Überprüfungen verliefen aber alle negativ. Auch der Kindesvater wurde routinemäßig einvernommen. Obwohl es keine tatsächlichen Verdachtsmomente gab, die Lisas Vater angelastet werden konnten, durften wir keine Möglichkeit außer Acht lassen. Es wäre nicht das erste Mal gewesen, dass ein Täter hinsichtlich seines Opfers selbst eine Abgängigkeitsanzeige erstattet hätte. Aber Herr S. schien tatsächlich nichts mit dem Verschwinden seiner Tochter zu tun zu haben. Somit brachte uns dessen Einvernahme auch nicht weiter.

Plötzlich läutete das Telefon. Es war mittlerweile 17 Uhr geworden. Ich erfuhr, dass man im 22. Bezirk eine noch nicht identifizierte Leiche gefunden hatte. Der Beamte am anderen Ende der Leitung sprach weiter und beschrieb den toten Körper als den eines etwa 70-jährigen Mannes, der erschossen und am rechten Donauufer nahe der Sternspornbrücke aufgefunden worden war. Mir fiel ein Stein vom Herzen. Ich dankte dem Beamten für die Information, wandte meine Aufmerksamkeit aber sofort wieder dem Fall Lisa zu: Hatte ein Sexualverbrecher, dem das süße blonde Kind im rosa Kleid aufgefallen war, das Mädchen einfach gepackt und mehr oder weniger vor den Augen des Vaters entführt? Und das am helllichten Tag, auf einem öffentlichen Platz mit unzähligen Leuten als potenziellen Zeugen? Diese Vorgehensweise war mehr als riskant und sprach für die Spontantat eines geistig nicht zurechnungsfähigen oder sehr verzweifelten, psychisch instabilen Menschen.

Aber warum wäre Lisa mit einem ihr Fremden mitgegangen? Hätten es nicht die umstehenden Leute hören und sehen müssen, wenn Lisa sich gewehrt oder geschrien hätte? Oder war die Kleine doch nur kurz von alleine ein Stück zur Seite gegangen, ohne danach zum Vater zurückzufinden, oder wurde abgedrängt, und irrte nun alleine auf den Straßen herum? Aber war es möglich, dass stundenlang kein einziger Passant in Wien auf ein zweijähriges Kleinkind aufmerksam wurde, das allein herumstapfte und dabei vermutlich nach seinem Papa rief?

Mittlerweile ziemlich aufgewühlt fuhr ich gegen 17 Uhr 30 selbst zum Stephansplatz, auch wenn meine Kollegen alles im Griff hatten und meine Anwesenheit dort nicht erforderlich war. Doch ich musste über diesen Platz gehen, ich musste mich mit diesem Ort des Rätsels einfach beschäftigen, ich wollte Lisa wiederfinden!

Wir hatten Mitte Juni und draußen herrschten angenehme Temperaturen, was mich ein wenig beruhigte. Doch eigentlich war es unmöglich, jetzt vor Ort noch eine Spur von Lisa zu finden, und so räumte ich gegen 19 Uhr wieder das Feld. Ich rief nochmals bei uns im Journaldienst an und fragte nach Neuigkeiten, doch leider gab es keine.

Dann machte ich mich unverrichteter Dinge und daher sehr unzufrieden auf den Heimweg. Ich war es gewohnt, nach Menschen zu suchen und die Identität unbekannter Toter zu recherchieren, ohne dabei eine besondere Belastung zu verspüren – es war eben auch ein Teil der Geschichte des Lebens. Die Abgängigkeit von diesem kleinen Mädchen machte mir dagegen schwer zu schaffen. Aber noch war nichts verloren!

Am nächsten Morgen gab es immer noch keine Neuigkeiten.

Ich erfuhr allerdings, dass es sich bei der unbekannten männlichen Leiche am Donauufer mit an Sicherheit grenzender Wahrscheinlichkeit nicht um Mord, sondern um Selbstmord handelte. Man hatte noch am Vortag in einem Spalt der Uferbefestigung, unweit des Opfers, die Tatwaffe gefunden. An der rechten Hand des Toten befanden sich Schmauchspuren, und der Verlauf des Schusskanals würde wahrscheinlich die Selbstmordtheorie bestätigen.

Lisa war noch immer verschwunden. Das hieß nichts Gutes. Blieb ein so kleines Kind über Nacht abgängig, mussten routinierte Ermittler davon ausgehen, dass es tot war oder gar nicht mehr auftauchen würde. Aufgewühlt trank ich nach dieser Information schon am frühen Morgen meine dritte Tasse Kaffee und beschloss, so lange nach dem Kind zu suchen, bis ich es gefunden hatte.

Lisas Verschwinden bedeutete auch einen Ansturm der Presse. Die Reporter wollten aktuelle Sachverhalte und Fotos von uns haben, um sie zu veröffentlichen. Innerhalb von nur 30 Minuten meldeten sich Journalisten von allein vier verschiedenen Printmedien. Vorerst wurden alle von mir vertröstet. Ich wollte etwas Zeit gewinnen, um die aktuellsten Erkenntnisse weiterzugeben und so die Publicity für meine Zwecke nützen zu können.

Auch weiterhin gab es nicht den geringsten Anhaltspunkt dafür, wo sich Lisa befinden könnte oder was mit ihr tatsächlich geschehen war. Lisas Chancen sanken von Stunde zu Stunde … und ich wusste: Sie bewegten sich bereits in Richtung null!

Mittlerweile wurde es 10 Uhr. Mein Kollege trat ins Zimmer und brachte die aktuellen Fahndungen. Die üblichen Dauerentweicher aus den Heimen, ein Selbstmordkandidat und zwei Abgängigkeiten aus dem »Obdachlosenmilieu«. Bei dem Selbstmordkandidaten weiteten wir die Fahndung auf die Bundesländer aus, ansonsten waren keine neuen Maßnahmen zu treffen. Weiters gab es laut Fernschreiben aus der Steiermark noch eine unbekannte männliche Zugsleiche: Ein etwa 40-jähriger Mann war bereits am 16. April 1990 von einem Güterzug überrollt worden. Zugsleichen sind fast immer schwer zu identifizieren, weil sie oft bis zur Unkenntlichkeit verstümmelt sind – meist werden die Gliedmaßen abgetrennt, der Schädel zertrümmert und das Gedärm findet sich auf einer Länge von zweihundert Metern auf den Gleisen wieder. Unsere Leiche befand sich in einem ähnlichen Zustand, daher kam man mit einer Personsbeschreibung nicht weiter. Wir leiteten die Information hinsichtlich Auffindung der unbekannten Person an alle Kommissariate Wiens weiter.

Meine Aufmerksamkeit richtete sich wieder auf Lisa. Ich wappnete mich innerlich bereits gegen die Nachricht, dass das Mädchen tot aufgefunden worden war. Wenn ein Kind mehr als 24 Stunden vermisst wird und nicht von einer Entführung durch ein Elternteil ausgegangen werden kann, sinken die Chancen, es lebend zu finden mit jeder Minute. Und ich würde es dem Vater, der zu Hause auf sein Kind wartete, mitteilen müssen!

Gegen 10 Uhr 45 Uhr läutete erneut das Telefon. Der Anruf betraf Lisa! Ja, Lisa! Welche Neuigkeiten würde ich gleich zu hören bekommen? Musste ich tatsächlich ihren Vater in die Leichenhalle führen, damit er sein kleines Mädchen identifizierte? Nein, Lisa lebte! Sie war zurück!

Mein Kollege erzählte: »Ich denke, da hatten ein paar Engel ihre Finger im Spiel. Begonnen hat die Sache damit: Gestern Abend saß ein Arzt für Psychiatrie vor dem Fernseher und sah zufällig die Fahndungsdurchsage bezüglich der kleinen Lisa. Heute Morgen machte dieser Arzt einen Besuch bei einer seiner Patientinnen, einer stark verwirrten 60-jährigen Dame. Er betrat die Wohnung der Frau und fand Lisa! Der Arzt fragte seine Patientin, wer denn dieses Mädchen sei, und sie antwortete: ›Mein kleines Enkerl!‹ Dieses wäre auf Besuch bei ihr und er würde doch sehen, dass sie das Kind betreuen müsse. Lisa selbst war nicht im Geringsten verängstigt und sie fühlte sich sichtlich wohl. Seine ›Großmutter‹ hatte sich tatsächlich sehr fürsorglich um das Kind gekümmert, mit ihm gespielt, ihm Essen gekocht und ihm zum Schlafen liebevoll ein Bettchen mit vielen bunten Polstern und Teddybären zurechtgemacht. Und der Rest der Geschichte: Der Arzt alarmierte die Polizei und wir holten sie – Lisa und die alte Dame – von zu Hause ab. Bei der Einvernahme gab unsere Oma an, sie hätte ihre Enkelin am Stephansplatz gefunden und daraufhin zu sich nach Hause genommen. Sie musste doch auf sie aufpassen, sonst wäre ihr ja sicher etwas zugestoßen.«

Die alte Dame ging straffrei aus dem Revier – eine Entführung konnte ihr nicht angelastet werden. Sie war in keinster Weise für ihre Handlung strafrechtlich zur Verantwortung zu ziehen.

Ioan – Die lange Reise

Ioan packt ein paar seiner wenigen Habseligkeiten in einen Rucksack. Der Mann freut sich auf die bevorstehende Tour, obwohl sie wahrscheinlich wieder beschwerlich werden wird, da er plant, weite Teile davon zu Fuß zurückzulegen. Ioan hat wieder einmal nur ein paar Schillinge in der Tasche, damit will er sich noch etwas zu essen kaufen, bevor er sich auf die Reise macht. »Ich muss zwischendurch noch irgendwo telefonieren, damit meine Leute wissen, dass ich unterwegs bin. Sonst machen sie sich Sorgen«, denkt der 40-Jährige, als er seine Wohnung hinter sich zusperrt.

Freundlich grüßt er vor dem Haus seine etwa 20-jährige Nachbarin, die ihr Baby im Kinderwagen durch die riesige Anlage des Gemeindebaus fährt. Inge hat Ioan einmal erzählt, dass sie es nicht wagen würde, die vertraute Siedlung zu verlassen. Sie fürchtet sich vor den Menschen »da draußen« … und vor ihrem Freund, der auch nicht will, dass sie sich weit von dem Viertel entfernt. Der Mann hat der jungen Frau geraten, sich nicht zu verstecken und sich nicht durch ihren Partner vom Rest der Welt abschotten zu lassen.

Vorbei an Ball spielenden Kindern, grölenden und laut rülpsenden Jugendlichen, die »Hast einen Schilling?« hinter ihm herbrüllen, marschiert er fröhlich pfeifend zur nächsten U-Bahn-Station.

Noch gar nicht so weit von zu Hause entfernt, fällt Ioan wieder ein, dass er telefonieren muss – doch seine Verwandten werden nie einen Anruf erhalten.

Im Juni 1990 betrat Sebastian F. aus Deutschland mein Büro und fragte mich gerade heraus, warum wir die Suche nach seinem Onkel, dem 40-jährigen Rumänen Ioan Dorodov, eingestellt hätten. Ich wusste natürlich nicht sofort, um wen es sich handelte, und hakte nach, woraufhin sich ein Wortschwall über mich ergoss: »Ioan Dorodov, geboren am 10. Mai 1950 in Bukarest. Er ist vor einigen Monaten spurlos aus seiner Wohnung in Wien verschwunden, und es wurde von uns auch eine Abgängigkeitsanzeige erstattet. Onkel Ioan ist bis heute nicht wieder aufgetaucht. Warum sucht man nicht weiter nach ihm?«

Tatsächlich konnte ich mich nach der Schilderung der Situation an das Verschwinden des Mannes erinnern. Ich hatte die Fahndung einstellen lassen, weil ich keine weiteren Gründe dafür erkennen konnte.

»Herr F., ich nehme an, Sie wissen, wie Ihr Onkel mit Ihrer Tante zusammenwohnte?«, fragte ich vorsichtig nach. Sebastian F. wirkte ein wenig verlegen, antwortete dann aber dennoch mit fester Stimme: »Ja, das wissen meine Mutter und ich! Aber ich bitte Sie, trotzdem weiter nach meinem Onkel zu suchen. Gerade wegen der vorliegenden Umstände befürchten wir, dass ihm etwas zugestoßen ist! Zu uns hatte Onkel Ioan regelmäßig Kontakt. Seit seinem Verschwinden ist der jedoch abgerissen! Da kann doch etwas nicht stimmen!«

Aufgrund der Tatsache, dass der Abgängige sich regelmäßig bei seinen Verwandten in Deutschland gemeldet hatte, was nun nicht mehr der Fall war, wollte ich den Akt wieder öffnen, denn das war mir vorher nicht bekannt gewesen. Ich bat Herrn F., am folgenden Tag wiederzukommen, und wollte bis dahin noch einmal die Unterlagen studieren, deren Inhalt ich nicht mehr bis ins Detail im Kopf hatte.

Der Neffe des Abgängigen erschien wie besprochen am folgenden Tag erneut in meinem Büro und beschwor mich abermals: »Mein Onkel verschwindet nicht einfach so und bricht alle Kontakte ab. Meine Mutter bekam von ihm regelmäßig Anrufe und plötzlich – Totenstille! Meinem Onkel ist etwas zugestoßen, da bin ich mir sicher. Wir müssen ihn finden!«

Ich beruhigte den jungen Mann und versprach, die Ermittlungen wiederaufzunehmen. Bisher war ich davon ausgegangen, dass Ioan Dorodov offensichtlich vor einer kaputten Ehe geflüchtet und deshalb seine sieben Sachen gepackt und die Wohnung verlassen hatte. Darin sah ich keinen bedenklichen Umstand.

Dann erfuhr ich allerdings etwas, das nicht in den Unterlagen stand, nämlich dass Herr Dorodov offensichtlich Vater einer Tochter und eines Sohns war. Sebastian F. versicherte mir, dass sein Onkel die beiden niemals im Stich gelassen hätte. Er wäre immer nur kurz von ihnen getrennt gewesen, nämlich dann, wenn er nach Deutschland fuhr, um seine Schwester und ihn, seinen Neffen, zu besuchen. Auch von der Frau des Vermissten, die ich direkt nach dem Verschwinden von Ioan Dorodov zu dem Fall vernommen hatte, waren die beiden Kinder nie erwähnt worden.

Der Neffe des Abgängigen schien ehrlich verzweifelt zu sein, als er in meinem Büro vor mir saß. Er sagte: »Meine Mutter und ich bitten Sie, suchen Sie weiter nach meinem Onkel. Ehrlich gesagt, ich fürchte, dass er nicht mehr lebt. Vielleicht hat er sich umgebracht. Seine Ehe war hoffnungslos kaputt – er deutete oftmals an, dass er keinen Ausweg mehr sähe. Vielleicht befürchtete er, dass sich seine Kinder für ihn schämen würden! Er konnte ihnen nichts bieten, Geld hatte er keines. Und von seiner Frau wurde er ja behandelt wie das Letzte! Es muss ja vielleicht gar kein Selbstmord gewesen sein – möglicherweise hatte er einen Unfall. Wir müssen doch wissen, was mit ihm passiert ist. Bitte!«

Eventuell war es auch Mord, schoss mir durch den Kopf. Warum zog der junge Mann diese Möglichkeit nicht in Betracht? Oder vielleicht war der Mann doch einfach nur vor der scheinbaren Ausweglosigkeit davongelaufen und wollte für einige Zeit ganz alleine sein und mit niemandem reden.

Für mich stand jedenfalls fest, dass ich erneut nach Ioan Dorodov würde suchen lassen, die Fahndung musste neuerlich eingeleitet und das Rätsel gelöst werden.

»In Wien und Umgebung wurde bislang keine unbekannte Leiche gefunden, die auf die Personsbeschreibung Ihres Onkels zutreffen würde. Ebenso wurde kein Ioan Dorodov in ein Krankenhaus eingeliefert oder von einem Rettungsdienst transportiert!«, informierte ich Herrn F. »Sagen Sie, hatte Ihr Onkel besondere Merkmale, die nicht auf den ersten Blick ersichtlich sind?«, fragte ich ihn dann noch, aber der Neffe des Abgängigen konnte dazu keine Angaben machen.

Nachdem Herr F. das Sicherheitsbüro verlassen hatte, nahm ich einen Akt zur Hand, der Berichte zweier unbekannter Toter enthielt – der eine war am 16. April 1990 in der Steiermark von einem Güterzug überrollt und bis zur Unkenntlichkeit verstümmelt worden, bei dem anderen handelte es sich um einen Selbstmörder, den man in Wien Donaustadt nach einem Kopfschuss unter der Sternspornbrücke aufgefunden hatte. Letzteren konnte ich ausschließen, da er bereits 70 Jahre alt war, doch den anderen Fall wollte ich mir näher ansehen. Ioan Dorodov wurde seit 12. Jänner 1990 vermisst, die Zugsleiche aus der Steiermark wurde am 16. April 1990 aufgefunden … da konnte es einen Zusammenhang geben. Ich glaubte allerdings trotzdem nicht, dass diese Spur ans Ziel führen würde, und überlegte bereits weitere Schritte, die ich bezüglich der Suche nach dem 40-Jährigen einleiten würde.

Laut der steirischen Kriminalabteilung wurde am linken Handgelenk des Toten eine Tätowierung gefunden, die jedoch nicht mehr klar zu erkennen war. Bei den weiteren Untersuchungen am Tatort fanden die Ermittler auch eine zerfetzte Tasche, welche Reste einer roten Thermosflasche, ein wenig Wäsche und Fragmente eines Schriftstückes beinhaltete. Kaum leserlich standen auf dem Papierfetzen die Namen Ljubinco und Rebecca.

Der Abgleich mit der Personsbeschreibung des Vermissten war aufgrund der massiven Verstümmelung der Zugsleiche nutzlos, doch der Onkel von Sebastian F. sollte mit einem Rucksack unterwegs gewesen sein, und bei der Leiche wurde ein als Tasche bezeichneter Gegenstand vorgefunden. Aber hier endeten die Übereinstimmungen auch schon wieder. Und ich fragte mich außerdem, warum Ioan Dorodov, drei Monate nachdem er in Wien als abgängig gemeldet worden war, in der Steiermark von einem Zug überrollt hätte werden sollen. Was hätte er in dieser Gegend gesucht?

Ein weiterer Blick in die Unterlagen gab Auskunft darüber, dass bei der Zugsleiche sowohl Ober- als auch Unterkiefer zertrümmert waren.

Als ich so auf die Fotos der Schädeltrümmer des Mannes starrte, hatte ich eine Idee, wie ich mir Gewissheit verschaffen konnte: Ich würde mir die Kieferfragmente aus der Steiermark kommen lassen und die Zähne mit dem Zahnschema von Ioan Dorodov abgleichen. Ich rief sofort Sebastian F. an und fragte nach, wo sein Onkel zum Zahnarzt gegangen war. Der junge Mann antwortete: »Meine Familie hat eine Zahnpraxis. Dort wurde auch mein Onkel manchmal behandelt. Das war auch einer der Gründe, weshalb er hie und da nach Deutschland kam.«

Der Neffe des Abgängigen wollte mir ehest möglich den Zahnstatus seines Onkels beschaffen und auch über dessen Blutgruppe Auskunft geben. Dann schoss mir noch eine Frage durch den Kopf, ich wollte wissen, ob Sebastian F. mit seiner Tante, also Ioans Gattin, in Kontakt stand. Ich erhielt folgende Antwort: »Nein, aber mit Rebecca habe ich vorige Woche telefoniert. Doch von ihrem Vater hat sie nach wie vor nichts gehört!«

»Rebecca«, stammelte ich. »Ja, meine Cousine. Sie hatte eine sehr gute Beziehung zu ihrem Vater.« »Und der Sohn Ihres Onkels, Ihr Cousin … Wie ist sein Name?« »Ljubinco!«, bekam ich zur Antwort. Ljubinco und Rebecca! Diese beiden Namen standen auf jenem zerfetzten Stück Papier, das in der Tasche der unbekannten Zugsleiche aus der Steiermark gefunden worden war! Da ich keinesfalls an einen Zufall glaubte, wurde mir bewusst, dass ich Ioan Dorodov vermutlich gefunden und zugleich eine unbekannte Leiche identifiziert hatte. Und der Abgleich der Zähne in dem zertrümmerten Kiefer mit dem Zahnstatus von Ioan Dorodov brachte leider die Gewissheit.

Doch was war passiert? Was hatte der 40-Jährige so weit weg von zu Hause – und drei Monate nach seiner Abreise offenbar ja auch nicht auf dem Weg nach Deutschland – in der Steiermark gemacht? Es wusste auch niemand etwas von Bekannten oder Freunden, die er dort besucht haben könnte.

Das Rätsel um die Zugsleiche war also gelöst, das Rätsel um das Verschwinden des gebürtigen Rumänen Ioan Dorodov jedoch noch lange nicht. Handelte es sich hier um Selbstmord oder um einen Unfall? Oder sogar um einen Totschlag? Gar um einen Mord?

Ich begann, das Leben des Mannes, dessen Tod ich um jeden Preis aufklären wollte, unter die Lupe zu nehmen, analysierte die Schilderungen seiner Familie und Freunde in Bezug auf seine

Träume und Ziele, Ängste und Befürchtungen und auch die Art, wie er mit seinen Kindern umgegangen war. Ich wollte in Erfahrung bringen, um welchen Typ Mensch es sich bei Ioan Dorodov gehandelt hatte, und puzzelte mir im Laufe der folgenden Wochen ein Bild zusammen.

Ich kam letztendlich zu dem Schluss, dass der 40-Jährige keinen Selbstmord begangen hatte. Deshalb dachten wir, dass der Onkel von Sebastian F. einem tragischen Unfall zum Opfer gefallen sein musste.

Auf diese Art mochte sich das Unglück zugetragen haben: Ioan Dorodov wollte tatsächlich zu seinen Verwandten nach Deutschland. Da er über so gut wie kein Geld verfügte, legte der Mann die Strecke vorwiegend zu Fuß zurück. Das erklärt auch, weshalb es etliche Zeit gedauert hatte, bis er in die Steiermark gelangt war. Dort musste er versucht haben, sich als Schwarzfahrer mit einem Güterzug transportieren zu lassen, wobei er von einem Waggon gefallen, verletzt auf dem Gleis zu liegen gekommen und vom nächsten Zug überrollt worden sein könnte.

Doch bis heute nagt an mir der Zweifel, ob es wirklich so passiert ist. Ebenso gut wäre es möglich, dass der gebürtige Rumäne mit einem Mitreisenden in Streit geraten war und dieser ihn zusammengeschlagen und bewusstlos auf das Gleis gelegt hatte. Dieses Geheimnis hat der nette Ioan, den jeder mochte, mit ins Grab genommen.

Secil – Die roten Schuhe im Steinkreis

Geistesabwesend blättert das junge Mädchen in einem Fotoalbum – die Bilder zeigen eine fröhliche Familie: Mutter, Vater, Tochter und Sohn. Vor fünf Jahren ist alles noch gut gewesen, wir waren glücklich, denkt Secil. Ich wusste damals noch nicht, dass ich Erkan versprochen bin, dem Sohn unserer früheren Nachbarn in der Türkei. Heute lebt diese Familie in Wien, sogar im selben Bezirk, in dem sie seit 15 Jahren mit ihren Eltern und ihrem Bruder Salih wohnt.

Secil lächelt, als ihr Blick auf ein Foto fällt, auf dem der damals siebenjährige Salih beschützend den Arm um seine zwei Jahre jüngere Schwester legt. Und jetzt? Jetzt ist er böse auf mich und spricht seit Wochen kein Wort mehr mit mir, ebenso wie Papa. Nur Mama redet noch, allerdings nur, um mich zur Vernunft zu bringen. Meine Familie möchte, dass ich mich umgehend von meinem Freund Georg trenne, um Erkan zu heiraten, so wie es vor vielen Jahren zwischen zwei Türken – meinem und Erkans Vater – abgesprochen wurde. Doch ich liebe Erkan nicht. Er ist nett, ja, aber mein Herz gehört Georg.

Papa hat mich angeschrien, als er erfuhr, dass ich keine Jungfrau mehr bin, Mama hat geweint und Salih geflucht. Seufzend schließt die junge Türkin das Fotoalbum, zieht ihre Strickweste an und schlüpft in die roten Stiefeletten, auf die sie drei Monate gespart und die sie sich erst vor Kurzem gekauft hat. Dann schleicht sie auf Zehenspitzen aus der Wohnung und schließt leise die Tür hinter sich.

Secil Gümzyk, eine 17-jährige Türkin aus Wien Alsergrund, verschwand an einem heißen Augusttag im Jahr 1993, ohne die geringste Spur zu hinterlassen. Eine Abgängigkeitsanzeige erstatteten ihre besorgten Eltern.

Mir war klar, dass dieser Fall sehr heikel und sensibel zu betrachten sein würde, als ich im Gespräch von der Beziehung des Mädchens zu einem deutschen Mann erfuhr. Ich wusste, dass es in türkischen Familien – auch in solchen, die fern der Heimat lebten – nach wie vor üblich war, für Mädchen schon im Kindesalter einen zukünftigen Bräutigam auszuwählen und mit dessen Eltern die Sache zu fixieren. Kamen die jungen Leute in ein heiratsfähiges Alter, hatte das Mädchen den für sie Auserwählten zu ehelichen, ob sie wollte oder nicht! Diese familiären Bräuche hatten schon so manche junge Frau in den Selbstmord getrieben. Aber ebenso oft kam es zu spektakulären Entführungen, bei denen die betroffenen Mädchen von ihren österreichischen Partnern, von denen die Eltern oft gar nichts wussten, von der Familie weggeholt wurden, um sie so vor dem auserwählten Bräutigam und der erzwungenen Verheiratung zu schützen. Dadurch können schwierige Situationen entstehen – entweder verfeinden sich die beiden türkischen Familien und es entsteht eine regelrechte Blutsfehde, oder aber die männlichen Verwandten der Braut lauern dem österreichischen Freund auf, schlagen ihn zusammen oder bedrohen ihn mit dem Tod, um das Mädchen zur Umkehr zu zwingen. Wird nun eine junge Türkin, der eine Zwangsheirat droht, vermisst, verheimlichen die Angehörigen in vielen Fällen der Polizei die Umstände, die zu ihrem Verschwinden geführt haben könnten. Doch in Secils Fall verschwieg mir die Familie die Tatsache nicht, dass das Mädchen bereits im Kindesalter dem jungen Türken Erkan Ö., der mit seiner Familie ebenfalls in Wien lebte, versprochen worden war, und ich wusste, was ich zu beachten und in meine Ermittlungen mit einzukalkulieren hatte.

Fahndungen nach Ausländern – Secils Familie hatte nach wie vor die türkische Staatsbürgerschaft – werden meist grenzüberschreitend durchgeführt, weshalb wir bei Secil auch sofort die Interpol in die Aufenthaltsermittlung mit einbezogen haben. Und ich begann ebenfalls augenblicklich auf Hochtouren zu ermitteln, um rasch Ergebnisse zu erhalten – auch wenn Erfolge dieser Art einen bitteren Nachgeschmack hinterlassen. Das Mädchen wäre – sobald es gefunden würde – erneut dem Druck seiner Familie ausgesetzt.

Einige Tage nach dem Verschwinden der jungen Türkin fanden Kollegen am rechten Ufer des Donaukanals, Höhe Urania, einen kleinen, aus Steinen geformten Kreis, in dessen Mitte sich rote Stiefeletten befanden. Rasch wurde klar, dass es sich dabei um die Schuhe der Vermissten handelte.

Als erfahrener Ermittler weiß man, dass viele Selbstmörder, die sich ertränken, ein Zeichen an jener Stelle hinterlassen, an der sie ins Wasser gehen. Es deutete also alles auf einen Freitod der jungen Türkin hin.

Doch die Reaktionen ihrer Verwandten und auch die seitens Erkans Familie ließen mich immer stärker daran zweifeln, dass sich Secil selbst das Leben genommen hatte: Alle Beteiligten widersprachen vehement der Selbstmordtheorie und beschuldigten sich gegenseitig, etwas mit dem Verschwinden des Mädchens zu tun zu haben. Secils Mutter und Vater beschuldigten Erkans Eltern der Entführung ihrer Tochter, da diese herausgefunden hätten, dass Secil in einen österreichischen Jungen namens Georg S. verliebt war. Die Verwandten des jungen Türken, den das Mädchen heiraten sollte, wiederum beschimpften Secils Eltern als unfähig, auf ihre Tochter aufzupassen, und verdächtigten in erster Linie Salih, den Bruder des Mädchens – sie glaubten, dass dieser seine Schwester aus Wut darüber, dass sie einen Österreicher liebte, umgebracht hätte. Secils Bruder wiederum beschuldigte den Freund der jungen Türkin – er meinte, Georg S. wäre wütend auf seine Schwester gewesen, weil die sich in letzter Minute doch noch entschlossen hatte, dem Wunsch der Familie zu entsprechen und Erkan zu heiraten. Georg S. selbst zeigte sich tief erschüttert über die Abgängigkeit seiner Freundin und behauptete, Secils Eltern und ihr Bruder hätten das Mädchen ermorden und ihre Leiche verschwinden lassen, aus Scham vor Erkans Familie und weil das Mädchen Schande über ihre Familie gebracht hätte, da sie ihre Jungfräulichkeit einem Österreicher geschenkt hatte.

Ich versuchte einen klaren Kopf zu behalten und selbigen nicht allzu oft aufgrund von Fassungslosigkeit zu schütteln, während ich die Mitglieder beider Familien ebenso wie den Freund verhörte. Ich konnte keinerlei Ungereimtheiten in den Aussagen entdecken, und von den gegenseitigen Beschuldigungen abgesehen, gab es keinen Hinweis auf ein Tötungsdelikt.

Nach einer Bestandsaufnahme aller gesammelten Informationen fasste ich zusammen: Ein Selbstmord schien absolut nicht zu Secil zu passen, ein Mord seitens des Bruders oder des Freundes schien mir zu weit hergeholt – es blieben ein freiwilliges Verschwinden und eine Entführung, oder aber es existierte die Beteiligung einer weiteren Partei, die nichts mit Herkunft und Tradition des Mädchens zu tun hatte. Weiters bestand auch noch die Möglichkeit, dass Secils Eltern ihre Tochter vielleicht unbemerkt in die Türkei abschieben konnten, einerseits, um das Mädchen von ihrem Freund zu distanzieren und sie »zur Vernunft zu bringen«, andererseits aber, um vor Erkans Familie nicht zugeben zu müssen, dass ihre Tochter sich nicht zwangsverheiraten ließ. Doch ich konnte keinen Beleg dafür finden, dass Secil ausgereist war.

Da ich in diesem Fall nicht weiterkam und auch nach Wochen noch kein Ergebnis vorlag – Secil war immer noch verschwunden –, setzte ich mich mit dem Sicherheitsreferenten und einem leitenden Kriminalbeamten aus dem 9. Bezirk zusammen, um weitere Vorgehensweisen zu besprechen. Die Kollegen waren davon überzeugt, dass es sich bei dem Verschwinden der jungen Türkin um Mord handelte. Ich konnte diesen Verdachtsmoment nicht ganz außer Acht lassen – Motive waren objektiv betrachtet genug vorhanden. Dazu kam, dass der aus Steinen gebildete Kreis am Ufer des Donaukanals an extrem auffälliger Stelle errichtet worden war, sodass er entdeckt werden musste. Es hatte den Anschein, als wäre die Spur für uns ausgelegt worden, um die Ermittlungen in eine bestimmte Richtung zu lenken. Ich befürchtete mittlerweile ebenfalls, dass das Mädchen nicht mehr lebte. War die 17-Jährige tatsächlich aus Verzweiflung ins Wasser gegangen?

Resignierend beschloss ich – da ich zu diesem Zeitpunkt keine andere Spur mehr verfolgen konnte und wochenlang keine neuen Hinweise bei mir eingelangt waren – Taucher in den Donaukanal zu schicken, um nach der Leiche zu suchen. Falls sich das Mädchen dort tatsächlich ins Wasser gestürzt hatte, könnte das im Wiener Donaukanal befindliche Gerümpel, in dem sich ein toter Körper durchaus verfangen kann, dafür gesorgt haben, dass Secil noch nicht wieder aufgetaucht war.

An dem Tag, an dem ich den Tauchzug geordert hatte, wurde ich gegen 17 Uhr von der Auffindung einer weiblichen Leiche im Donaukanal verständigt. Da das Wasser an dieser Stelle so gut wie keine Sicht zuließ, wurden die Taucher an Seilen gesichert. Auf diese Weise tasteten sie sich sozusagen im Blindflug über den Grund des Kanals. Dabei dürfte ein Mann den offensichtlich in einem Hindernis verhedderten Körper, ohne es zu bemerken, losgelöst haben. Das Resultat war, dass die Wasserleiche plötzlich etwa zweihundert Meter unterhalb der abgesuchten Stelle an die Oberfläche trieb. Aufgrund der Personsbeschreibung war mit an Sicherheit grenzender Wahrscheinlichkeit anzunehmen, dass es sich dabei um Secil Gümzyk handelte. Damit war die Abgängigkeit geklärt. Doch handelte es sich nun um Mord oder um Selbstmord? Auf diese Frage würde uns die Gerichtsmedizin schon bald Antwort geben.

Nach wenigen Stunden wussten wir, dass kein Fremdverschulden nachgewiesen werden konnte – es fanden sich keine äußerlichen Verletzungen, die Secil vor Eintritt des Todes zugefügt worden wären. Und in den Lungen der jungen Frau befand sich Flusswasser, dessen Verunreinigung mit jener des Donaukanals übereinstimmte. Somit stand fest, dass Secil im Donaukanal ertrunken sein musste und diesen Tod selbst herbeigeführt hatte. Um vor einer Zwangsehe zu fliehen, hatte die junge Frau den Freitod gewählt.

Julia – Fünf Jahre und drei Tage Ungewissheit

Julia tritt aus dem Schulgebäude ins Freie, verabschiedet sich lachend von ihren Klassenkameradinnen und macht sich auf den Weg zur Haltestelle, wo sie kurz darauf den Bus besteigt. Am Hauptplatz ihres Heimatortes verlässt sie das Fahrzeug um 13 Uhr 33, entdeckt einige Freunde von ihr in einem silberfarbenen Auto und gesellt sich zu ihnen, anstatt sofort nach Hause zu gehen. Sie wird also etwas später als gewöhnlich heimkommen, doch das ist ihr in diesem Moment egal – die paar Minuten würden schon keine große Diskussion mit den Eltern auslösen, immerhin ist sie schon 16 Jahre alt. Julia begrüßt ihre Bekannten, die mittlerweile aus dem Pkw gestiegen sind, mit jeweils einem Kuss auf die Wange, dem dritten, der im Auto sitzen geblieben ist, winkt sie zu.

Die drei jungen Leute plaudern und lachen, als Julia in der Ferne plötzlich den Bus aus der Gegenrichtung kommen sieht. Erschrocken wirft sie einen Blick auf ihre Armbanduhr – es ist 13 Uhr 44 und die Zeit wie im Flug vergangen.

»Verdammt«, ruft sie, »ich muss jetzt echt heim. Mama wartet mit dem Essen.« Julias Freunde bieten ihr an, sie mit dem Auto zu fahren, damit sie rascher zu Hause ist und keine Schwierigkeiten bekommt.

Als der Bus, den das junge Mädchen kurz zuvor erblickt hat, in die Station einfährt, ist Julia bereits verschwunden – sie wird allerdings nie zu Hause eintreffen.

Am Morgen des 27. Juni 2006 verließ ein 16-jähriges Mädchen im niederösterreichischen Pulkau sein Elternhaus und machte sich auf den Weg zur Schule – dieses Mädchen war Julia Kührer. Die 1,65 Meter große, zarte Jugendliche mit den braunen Augen, dem schwarz gefärbten, schulterlangen Haar, einer Narbe an der Unterlippe und einigen Muttermalen im Gesicht verschwand an diesem Tag spurlos.

Die österreichweite Fahndungsausschreibung mit Ausweitung auf den Schengenraum erfolgte unmittelbar nach Erstattung der Abgängigkeitsanzeige durch die Eltern des Mädchens, außerdem eine Informationsweiterleitung an alle Streifenbeamten und die Befragung von Auskunftspersonen – ein Erfolg all dieser Maßnahmen blieb jedoch aus.

Es gingen immer wieder Hinweise auf den Verbleib von Julia Kührer ein – man wollte sie an verschiedenen Plätzen in Niederösterreich gesehen haben, vor allem im nördlichen Waldviertel. Viele Spuren führten aber auch nach Wien. Doch aus all den verschiedenen Tipps ließen sich, auch nach genauer Überprüfung, keine brauchbaren beziehungsweise verwertbaren Informationen gewinnen, die zur Lösung des Falles beitragen oder über den Verbleib des Mädchens Auskunft geben konnten.

Die übliche Problematik eines Abgängigkeitsfalles nahm ihren Lauf: kein Opfer – keine tatsächlichen Verdachtsmomente – keine Spur! Ein Unfall konnte aufgrund eingehender Überprüfung schon bald mit an Sicherheit grenzender Wahrscheinlichkeit ausgeschlossen werden. Blieben Ausreißen, Selbstmord – den ich von Anfang an nicht wirklich in Erwägung zog – oder Verbrechen übrig.

Im Fall Julia Kührers deuteten die Hinweise jedenfalls in erster Linie nicht auf ein Verbrechen, sondern auf Ausreißen hin.

Und immer wieder tauchten vermeintliche Lebenszeichen von dem Teenager auf. Neben unseren Ermittlungen in Österreich ging die Interpol annähernd 150 Informationen nach, die den Aufenthalt Julias im Ausland vermuten ließen. Der elektronische Fahndungsapparat durchstreifte ganz Europa. Ja, sogar Vermutungen, das Mädchen wäre in den Persischen Golf entführt oder von einem Mädchenhändlerring nach Dubai verschleppt worden, standen im Raum, doch alle Recherchen dahin gehend verliefen ebenfalls erfolglos!

Die von Anfang an stärkste Vermutung, Julia wäre bloß davongelaufen und hätte sich der elterlichen Obhut aus freien Stücken entzogen, begann sich weiter zu bekräftigen, vor allem deshalb, weil keine der persönlichen Gegenstände, die das Mädchen zum Zeitpunkt seines Verschwindens bei sich trug, auftauchten – ein ovalförmiger Schlüsselanhänger aus leuchtend gelbem Kunststoff mit der Aufschrift »EVVA«, ein Arbeitsmantel, ein Paar gelbe Turnschuhe und einige Wörterbücher wurden nie wieder gefunden.

Es vergingen drei Jahre und von Julia Kührer fehlte weiter jede Spur. Im Jahr 2009 wandte sich das Landeskriminalamt Niederösterreich schließlich aufgrund des Fehlens von neuen, wirklich brauchbaren Fahndungsansätzen mit einer weiteren groß angelegten Initiative erneut an die Öffentlichkeit. Und wieder erhielten die Ermittler etliche Hinweise auf den Verbleib der jungen Frau, die allerdings letztendlich sowohl in Österreich als auch im Ausland ins Nichts führten.

Ein halbes Jahr später kam er – der Schub vorwärts. Das Österreichische Bundeskriminalamt konzentrierte sich mittlerweile im Rahmen der neu eingerichteten Einheit »Zielfahndung Opfer« auf die bereits vorhandenen Informationen im Fall Julia Kührer. Es wurden vorhandene Hinweise neu beleuchtet und weitere Befragungen dazu durchgeführt. Auch konfrontierte man ein weiteres Mal die Öffentlichkeit mit dem Fall.

Und plötzlich wollte ein Passant, bei dem es sich sogar um einen Bekannten der Familie handelte, das Mädchen am Nachmittag des 27. Juni 2006 noch um 13 Uhr 33 beim Aussteigen aus einem Autobus auf dem Hauptplatz in Pulkau gesehen haben. Der Mann rauchte angeblich eine Zigarette vor dem Gemeindeamt, wo er auf den Bürgermeister wartete, um das Aufgebot für seine Hochzeit zu bestellen. Er sagte aus, dass er sah, wie Julia sich mit zwei Jugendlichen unterhielt. Neben dem Grüppchen wäre auch ein silberfarbener Pkw gestanden, in dem eine weitere Person gesessen wäre. Als der Bürgermeister kam, ging der Mann mit ihm ins Gebäude und konnte daher nicht beobachten, was weiter geschah.

Fest steht, dass laut weiterer Zeugenaussagen Julia um 13 Uhr 44, als der Bus von der Gegenrichtung in die Station einfuhr, bereits verschwunden war, manche meinten, sie in ein silberfarbenes Auto einsteigen gesehen zu haben.

Die drei Jugendlichen, ein Mädchen und zwei Burschen, konnten relativ schnell ausgeforscht werden und dann klickten auch sofort die Handschellen. War es nun endlich gelungen, Licht in die Sache zu bringen und die Frage »Was geschah mit Julia?« zu beantworten?

Durch intensive Ermittlungen hatten sich in der Zwischenzeit Verdachtsmomente erhärtet, die auf Drogentod nach Verabreichung einer Überdosis durch die Verdächtigen schließen ließen. Es wurde außerdem vermutet, dass die Festgenommenen, bei denen es sich um amtsbekannte Drogendealer handelte, den Leichnam danach aus Angst versteckt hatten. Nach der Verhaftung der drei Jugendlichen stürmten Beamte der Spezialeinheit

Cobra* eine Wohnung im Waldviertel und ein sich ebenfalls dort befindliches Stockhaus. Gefunden wurde nichts. Es folgten weitere Hausdurchsuchungen, bei welchen auch Suchhunde zum Einsatz kamen – vergeblich. Man fand weder das Mädchen, tot oder lebendig, noch Kleidungsstücke oder sonstige Gegenstände, die auf einen Aufenthalt der Abgängigen in den Gebäuden hinwiesen. Somit konnte der Tatverdacht gegen die drei Festgenommenen nicht aufrechterhalten werden – ein herber Rückschlag für die Fahnder, ein Fortbestehen der schmerzhaften Ungewissheit für die Eltern.

Wo war Julia? War sie wirklich tot? Versenkt in einem Gewässer oder vergraben irgendwo in einem Waldstück? Oder lebte sie doch noch? Wenn ja: Wollte oder konnte sie nicht nach Hause zurück? Hatte sie sich freiwillig Menschen angeschlossen, die sie versorgten, oder wurde sie irgendwo gegen ihren Willen festgehalten?

Zwei Jahre später, also fünf Jahre und drei Tage nach dem Verschwinden Julia Kührers: Am 30. Juni 2011 betraten in den Abendstunden zwei Passanten, die Dietmannsdorfer Rudi Th. und Manfred S., den Hof des verlassenen Hauses von Michael K., um einen Ball zurückzuholen, der zuvor beim Spielen mit dem Hund auf besagtem Grundstück gelandet war. Bei der Suche nach dem Ball begann der Vierbeiner an einem Loch in einem Erdkeller, das man mit Spanplatten abgedeckt hatte, zu graben, wobei das Herrchen eine grausige Entdeckung machte: Aus dem Loch ragten Knochenfragmente und das Gebiss eines Skeletts hervor. Der Mann alarmierte sofort die Polizei.

---

* Cobra ist die wichtigste polizeiliche Sondereinheit in Österreich. Sie ist der Generaldirektion für die öffentliche Sicherheit beim BM.I direkt unterstellt und gehört nicht dem Wachkörper Bundespolizei an, rekrutiert ihre Mitglieder aber aus diesem.

Am Tag darauf identifizierten Spezialisten den grauenerregenden Fund als die sterblichen Überreste der vermissten Julia Kührer. In der Nähe des Erdkellers sind später auch einige Habseligkeiten des Mädchens gefunden worden, einige davon – wie Kleidungsstücke und Rucksack – verbrannt.

Man wollte auch den Beweis erbringen, dass der Körper des Mädchens ebenfalls angezündet worden war, weshalb Brandsachverständige ein Experiment durchführten: In der Feuerwehrschule Tulln wurde der Fundort naturgetreu nachgebaut, danach ein totes Schwein in ähnliche Kleidung samt Schuhen gesteckt, wie sie Julia getragen hatte, und mit dem Brandbeschleuniger, der im Erdreich nahe der Leiche nachgewiesen werden konnte, übergossen und angezündet. Das Versuchsobjekt brannte und gloste vier Stunden lang, was zu beweisen schien, dass der Täter versucht hatte, die Überreste des Mädchens zu verbrennen. Der 50-jährige Grundstücksbesitzer Michael K., der direkt nach dem Verschwinden des Mädchens nach Wien gezogen war, konnte zunächst aus Mangel an Beweisen nicht des Mordes angeklagt werden.

Fest stand aber schon damals, dass der Verdächtige den Teenager gekannt hatte – er betrieb eine Videothek am Hauptplatz von Pulkau, dem Jugendtreffpunkt des Ortes, den auch Julia frequentierte. Und: Er soll sich kurz vor Julias Verschwinden einen silberfarbenen Van zugelegt haben.

Für die Öffentlichkeit völlig überraschend und unangekündigt, wurde Michael K. am Ende doch noch wegen dringenden Tatverdachts festgenommen. Nach langwierigen, hochkomplizierten technischen Verfahren konnten auf der Decke, in die Julia Kührers sterbliche Überreste eingewickelt waren, DNA-Spuren des Mannes gesichert werden.

Im September 2013 hat ein Geschworenengericht am Landesgericht Korneuburg Michael K. mit 7:1 Stimmen des Mordes an Julia Kührer für schuldig befunden und zu lebenslanger Haft verurteilt. Der Mann bestreitet bis heute, etwas mit dem Verschwinden von Julia Kührer zu tun gehabt zu haben.

Manfred – Das verräterische Bild

Bedächtig streicht Manfred die Tagesdecke auf seinem Bett glatt, bevor er vor den Spiegel tritt und sich langsam mit traurigem Lächeln über das sorgfältig gescheitelte Haar fährt. Dann stellt er sich ans Fenster und schaut gedankenverloren den vom Himmel tanzenden Flocken zu. Als sein Telefon läutet, will er den Anruf zuerst nicht entgegennehmen. Nach einigen Sekunden des Zögerns hebt er dann doch den Hörer ab. »Mani, du sollst in zehn Minuten beim Fredl sein. Er hat etwas mit dir zu besprechen. Wär gut, wenn du da auftauchst!«, tönt es aus dem Apparat. »Ja sicher«, antwortet der 30-Jährige mit müder Stimme, »ich komme.«

Manfred seufzt resignierend, legt den Stift, den er kurz zuvor zum Beschriften der Bilder verwendet hat, zurück in die Schublade und wirft danach einen prüfenden Blick durch die Räume seiner Wohnung. Dass man alles ordentlich und sauber zurücklässt, bevor man geht, ist ebenso wichtig wie ein gepflegtes Äußeres und saubere Kleidung – das hat ihm seine Mutter beigebracht.

Der Mann zieht sich langsam die Schuhe an und schlüpft in den warmen Anorak. Die Würfel sind gefallen, denkt er, es wird Zeit, sich auf den Weg zu machen.

Eines Morgens – es war Mitte Jänner 1994 – schneite mit dem Winterwetter eine adrett gekleidete, etwa 25-jährige zierliche Frau in mein Büro. Sie fuhr sich mit gespreizten Fingern durch ihr kurzes, schwarzes, schneefeuchtes Haar und klopfte sich die Flocken von ihrem roten Mantel, bevor sie mich mit großen, braunen Augen musterte.

»Was kann ich für Sie tun?«, fragte ich freundlich, nachdem sie nicht von sich aus zu sprechen begann. »Mein Freund, Manfred Illich, ist verschwunden. Ich habe Angst, ihm könnte etwas zugestoßen sein, daher habe ich auch schon eine Abgängigkeitsanzeige erstattet«, antwortete die junge Frau, Nadine W., mit dünner Stimme. Sie schien wirklich verzweifelt zu sein, sie wirkte verloren und hilflos. Vorsichtig fragte ich nach Details und erfuhr, dass sie seit vier Tagen kein Lebenszeichen mehr von ihrem Partner erhalten hatte, was durchaus ungewöhnlich zu sein schien. »Wir sehen uns fast täglich, und wenn das nicht klappt, telefonieren wir laufend miteinander, manchmal sogar stündlich.« »Sie leben nicht zusammen?«, wollte ich wissen. »Nein, noch nicht.« »Könnte er verletzt in seiner Wohnung liegen und keine Möglichkeit haben, zu seinem Telefon zu gelangen?« »Nein, ich habe einen Schlüssel und war bereits bei ihm zu Hause. Die Wohnung ist leer und sie ist tipptopp zusammengeräumt. Es fehlt auch nichts, keine Kleidung oder so, auch Manfreds Reisepass ist dort, wo er immer liegt.«

Vier Tage Abwesenheit einer volljährigen Person sind eigentlich noch nicht Grund genug, um eine Fahndung einzuleiten, wenn da nicht ein paar Besonderheiten gewesen wären. Herr Illich, 30 Jahre alt, lebte in absolut geordneten Verhältnissen. Er ging einem geregelten Beruf nach, dem er noch nie unentschuldigt ferngeblieben war, und zwischen ihm und seiner Freundin hatte es angeblich keinen Streit gegeben. Manfred Illich schien ein sehr kommunikationsfreudiger Mensch zu sein und stand mit vielen seiner Freunde in regelmäßigem Kontakt, mit einigen davon sogar täglich. Doch auch diese Personen hatten tagelang schon nichts mehr von Manfred gehört.

Und da war noch etwas, das mir zu denken gab: Nadine W. gestand nach einigem Zögern, als ich sie nach Veränderungen im Wesen ihres Partners fragte, bei ihrem Freund in den vergangenen

Wochen Anzeichen von Depressionen bemerkt zu haben. Und dann erzählte sie auch noch, dass Manfred seit einigen Wochen mit Leuten in Verbindung stand, die sie nicht kannte, dass er sich bei der Kommunikation mit diesen Personen irgendwie seltsam benahm und darüber hinaus sehr geheimnisvoll tat. Er ging mittlerweile sogar meistens aus dem Zimmer, wenn er telefonierte, verschwand hin und wieder unter der Woche am Abend für ein oder zwei Stunden, ohne seiner Partnerin zu sagen, mit wem er die Zeit verbrachte, und wich aus, wenn Nadine W. ihn nach den neuen Bekanntschaften fragte. Drogen schienen jedoch nicht, zumindest nicht offensichtlich, im Spiel zu sein.

Was war wohl mit Herrn Illich geschehen? Ich wollte mir selbst ein Bild von der Wohnung und den häuslichen Lebensumständen des Abgängigen machen und bat Frau W., mich zur Wohnung des Vermissten zu begleiten. Es ist wichtig festzustellen, ob sich jemand in seinem Zuhause wohlfühlt, ob er auf Ordnung und Sauberkeit Wert legt, was er darin aufbewahrt und ob er etwas zu verstecken hat. Die eigenen vier Wände eines Menschen sind wie Bücher, in denen man lesen kann, um mehr über den Charakter und die seelische Verfassung dieser Person zu erfahren.

Kurze Zeit später stellte ich fest, dass sich die Wohnung von Manfred Illich in perfektem Zustand befand. Relativ auffällig waren allerdings die vielen Bilder, die in jedem Zimmer an den Wänden hingen, auch wenn generell alles sehr künstlerisch gestaltet war – an den in warmen erdfarbenen Tönen gestrichenen Wänden sprühten an einigen Stellen sogar aufgemalte knallrote Flammen knisterndes Feuer in die Räume. Die Stimmung in der Wohnung war nicht unangenehm, aber irgendwie fehlte trotzdem das Leben darin – es gab beispielsweise keine einzige Pflanze in der Wohnung. »Der Mensch, der hier lebt, ist nicht wirklich glücklich«, dachte ich, »er ist auf der Suche nach etwas, das er noch nicht gefunden hat, vielleicht, weil er gar nicht weiß, was er sucht«.

Wir sahen uns weiter in der Wohnung um. Es war überall ordentlich aufgeräumt, in den Schränken hingen tadellos gebügelte Kleidungsstücke, auf dem Bett lag eine faltenfreie Tagesdecke, und auch das Badezimmer sowie die Küche wirkten sehr gut gepflegt.

Da läutete plötzlich das Telefon. Nadine W. nahm den Hörer ab und flüsterte ein ängstliches »Hallo?« in den Hörer. Dann blickte sie mich ratlos an. »Aufgelegt!«, sagte die junge Frau. Eine Minute später klingelte es erneut. Dieses Mal ging ich an den Apparat und fragte forsch mit jenem Tonfall, der keine Widerrede duldet: »Wer ist denn da? Sie sagen mir sofort, was Sie wollen!« »Verschwinden Sie aus der Wohnung!«, brüllte mir ein Mann ins Ohr, »der Mani ist eh schon tot, dem können Sie jetzt auch nicht mehr helfen.« »Haben Sie ihn getötet?«, wollte ich wissen. »Nein, *ich* nicht!«, behauptete der Anrufer. Dann vernahm ich ein leises »Klick« und die Verbindung war unterbrochen.

»Wer war das?«, wollte die mittlerweile sehr ängstlich wirkende junge Frau, die dicht an meiner Seite das Gespräch mitverfolgt hatte, wissen. »Keine Ahnung, vielleicht einer von diesen dubiosen Freunden Ihres Partners. Er sagte, Herr Illich sei bereits tot!« Nadine W. nickte, während sich Tränen in ihren Augen sammelten. »Die haben ihn umgebracht«, flüsterte sie mit erstickter Stimme, »aber warum nur?«

Darauf wusste ich keine Antwort und bat die zitternde Frau, keine voreiligen Schlüsse zu ziehen und die Nerven zu bewahren. Und dann machte ich *die* entscheidende Entdeckung! Eines der vielen Bilder hing ein wenig schief, da sich offensichtlich der Nagel in der Wand gelockert hatte. Die Freundin des Abgängigen nahm das Bild ab und drehte es dabei mit der Rückseite zu ihrem Gesicht. Da sah sie, dass darauf etwas geschrieben stand. Es handelte sich um die Handschrift von Manfred Illich, und die Notiz lautete: Dieses Bild vermache ich Hildegard!

Nadine W. blickte mich erschrocken an: »Was hat das zu bedeuten?« Böses ahnend hängte ich das nächste Bild ab und untersuchte es auf einen Hinweis – und fand ihn: Dieses Gemälde soll Peter bekommen! Auch auf jedem der restlichen Bilder fanden wir dementsprechende Sätze auf der Rückseite inklusive Namen von Freunden des Abgängigen.

Handelte es sich dabei um eine Art Testament aufgrund von akutem Lebensüberdruss oder um die Vorsichtsmaßnahme eines außerordentlich pedantischen Menschen, der in jeder Situation die Kontrolle behalten und im Fall der Fälle alles genau geregelt wissen wollte?

Fest stand, ich wollte noch Genaueres über den Vermissten erfahren und seine vier Wände bis in den kleinsten Winkel unter die Lupe nehmen. Ich verständigte daher meine Kollegen vom Bezirkskommissariat – gemeinsam wollten wir wenig später alle Räume, auch die außerhalb der Wohnung liegenden, aber dazugehörenden, akribisch durchsuchen.

Der Dachboden wurde nach den Zimmern als Erstes inspiziert. Gefunden haben wir nichts. Danach ging es hinunter in den Keller, bei dem es sich um einen in die Länge gezogenen Gang mit vielen, schwer einsehbaren Seitennischen handelte. Und ganz am Ende dieses Schachtes, kurz vor dem allerletzten Winkel, berührte mein Kollege von der Fahndung mit seinem Kopf plötzlich etwas von oben Herabhängendes – es waren die Zehenspitzen eines erhängten Mannes. Wir hatten unseren Abgängigen gefunden.

Spuren von Fremdeinwirkung wurden keine festgestellt, und auch das Gutachten der Gerichtsmedizin bestätigte Selbstmord als Todesursache!

Marco – An der Hand ins Abenteuer

Der Junge, der oft schon ein richtiger Mann sein möchte, um seine Mama vor anderen Kerlen beschützen zu können, schlendert in der Schule durch die Aula. Stolz blickt er auf das »Sehr gut« in seinem Heft, das die Lehrerin in roter Farbe unter den Aufsatz der letzten Deutsch-Schularbeit geschrieben hat. Seine Mutter, die vor dem Gebäude steht und auf ihn wartet, wird sich freuen und ihm vielleicht sogar als Belohnung einen Hotdog vorne beim Würstelstand kaufen. Oder sie macht mir am Abend eine Pizza, denkt Marco, weil ich die so gerne esse. Der Junge grinst und beschleunigt seinen Schritt. Hinter ihm ruft Martin: »Ich komm später zu dir, dann bauen wir weiter an unserer Mondbasis, okay?« »Ja! Bis dann«, antwortet Marco, dreht sich um und winkt seinem Freund zu.
Dann marschiert er auf die Eingangstür zu, drückt sie auf, bleibt stehen und sieht sich nach seiner Mutter um.
»Hallo, Kumpel!«, hört er da eine ihm wohlbekannte Stimme neben sich und blickt in ein vertrautes Männergesicht. »Komm, ich bring dich nach Hause. Die Mama kann nicht kommen, aber sie wartet daheim schon auf dich!« Zögernd, doch letztendlich bedenkenlos greift der Junge nach der ihm gereichten Hand und folgt dem Mann, der ihn zu seinem Auto führt. Unten auf dem Gehsteig vor der Schule steht an der Ecke Marcos Mutter, die an diesem Tag vergeblich auf ihren Sohn wartet.

Im Februar 1996 verschwand Marco Gebhardt, ein 11-jähriger Junge aus Wien, beinahe unmittelbar vor den Augen seiner

Mutter Christa, die vor der Schule auf ihren Sohn gewartet hatte.

Die herbeigerufenen Beamten führten vor Ort sofort eine Einvernahme der Frau durch, die jedoch vor Verzweiflung kaum einen klaren Gedanken fassen konnte. Sie gab den Ermittlern ein Foto ihres Sohnes, das in ihrer Geldbörse steckte, und beschrieb die Kleidung des Jungen, die er an diesem Tag trug – schwarze Jeans, gelber Sweater, blaue Daunenjacke und blaue Halbstiefel.

Die Polizisten betraten die Schule, um noch diejenigen Personen zu erwischen, die Marco zuletzt gesehen hatten, bevor sie den Heimweg antraten.

Die Befragung von Lehrern und einigen Mitschülern führte zu nichts – wir verfügten nach Stunden noch immer über keine Spur, die wir hätten verfolgen können.

Christa Gebhardt, die mittlerweile bei mir im Büro saß, weinte sich die Augen aus und hatte sich vollkommen in sich zurückgezogen, während sie vor sich hinschluchzte. Sie war auch nach der Versorgung durch einen Arzt und der Verabreichung einer Beruhigungsspritze nicht in der Lage, weitere Fragen zu beantworten.

In der Zwischenzeit hatten die Ermittler von Martin W. erfahren, dass die Eltern seines besten Freundes geschieden waren und Marco keinen Kontakt zum Vater pflegte. Doch auch das half uns nicht weiter.

Ich überlegte hin und her und eigentlich hatte ich nicht den Eindruck, dass der 11-Jährige von zu Hause wegwollte, was uns auch von den Lehrern des Burschen bestätigt worden war. Einstimmig hieß es in der Schule: Marco ist ein sehr fröhliches Kind, außerdem brav, nett und gut erzogen. Und er liebt seine Mama über alles, würde ihr niemals Kummer bereiten wollen. Daher strengt er sich auch so an, um gute Noten zu schreiben. Nein, der ist ganz sicher nicht ausgerissen, da muss etwas passiert sein!

Das vermutete ich leider auch … nur was? Würde ein so offenbar vernünftiges und verantwortungsbewusstes Kind einfach mit einem Fremden mitgehen? Nein, das konnte ich mir beim besten Willen nicht vorstellen! Hatte ein Nachbar oder ein anderer »lieber Onkel«, den Marco entfernt kannte, den Burschen mit Versprechungen gelockt, entführt und hielt ihn jetzt irgendwo gefangen, um ihn zu missbrauchen?

Und dann kam mir plötzlich eine Idee: Ich nahm mit der Großmutter des 11-Jährigen, der Mutter von Marcos Vater, Kontakt auf, deren Nummer ich ganz einfach im Telefonbuch fand, nachdem mir Christa Gebhardt ihren Namen genannt hatte. Helga G., eine 55-jährige Dame in zitronengelbem Kostüm und Pelzmantel, traf zwei Stunden später bei mir ein, sichtlich bestürzt über das Verschwinden ihres Enkels.

Zuerst wollte sie nicht so recht mit der Sprache rausrücken, als ich sie fragte, was passiert sein könnte. Ich ließ ihr Zeit, machte auf der anderen Seite aber auch immer wieder Druck, um die Frau zum Reden zu bringen. Endlich gestand sie mir: »Es könnte sein … bitte, ich weiß es aber nicht sicher … dass mein Sohn den Jungen hat. Er darf ihn ja nicht sehen, das alleinige Sorgerecht hat die Christa. Sie wollte nie, dass Bernhard sein Kind besuchen darf.« Helga G. zog ein blütenweißes Taschentuch aus ihrer Handtasche und betupfte sich damit die Augen.

Als ich Marcos Mutter mit der Aussage ihrer ehemaligen Schwiegermutter konfrontierte, hörte sie auf zu weinen und giftete mich an: »Und hat sie Ihnen auch gesagt, dass ihr geliebter Bernhard seinen Sohn vor zwei Jahren entführt hat?« Gleich darauf schlug sie sich erschrocken mit der Hand vor den Mund. »Oh Gott, er hat es schon wieder gemacht, oder?«

Das war nun tatsächlich anzunehmen! Ich erfuhr danach noch weitere Details von Christa Gebhardt, die nun etwas ruhiger geworden war: »Er ist damals mit Marco in den Wald, wo die beiden gehaust haben wie die Wilden. Dann sind sie in die Schweiz gefahren, wo mein Ex-Mann versuchte, das Kind in einer Schule anzumelden. Die Direktorin dort hatte jedoch den Fahndungsaufruf im Fernsehen gesehen und rief sofort die Polizei. Nach insgesamt vier Monaten war Marco wieder daheim! Danach sind wir umgezogen und ich habe eine Auskunftssperre beim Einwohnermeldeamt erwirkt. Doch vor etwa zwei Monaten hat uns Bernhard wieder ausfindig gemacht. Allerdings schrieb er mir einen Brief, in dem er sich entschuldigte und versprach, uns in Ruhe zu lassen. Und ich blöde Kuh hab das auch noch geglaubt. Bernhard wird seinem Sohn nichts antun, aber bitte finden Sie mein Kind!«, flehte mich Christa Gebhardt am Ende ihrer Erzählung an.

Es wurden sofort alle Fahndungsmaßnahmen innerhalb Österreichs eingeleitet und zusätzlich die Grenzkontrollen und Interpol informiert zwecks Einleitung einer Auslandsfahndung. Wir baten auch die Medien um Mithilfe. Ein Gewaltverbrechen konnte ich nun ausschließen. Der Junge war mit an Sicherheit grenzender Wahrscheinlichkeit ein zweites Mal von seinem Vater entführt worden.

Schon wenige Tage später wurden Marco und sein Vater in der Steiermark von einer Funkstreife aufgegriffen. Der 11-Jährige war wohlauf und wurde zu seiner Mutter nach Wien gebracht, wo sich die beiden vor meinen Augen in die Arme fielen. Marcos Vater nahmen die Beamten in Gewahrsam.

Bernhard Gebhardt erzählte bei der Einvernahme, er hätte seinen Sohn schon über einen längeren Zeitraum hinweg beobachtet, vor allem auf dem Weg zur Schule und nach Hause. Nachdem ihn seine geschiedene Frau sein Kind immer noch nicht besuchen lassen wollte, hätte er es sich eben geholt. Er prahlte:

»Während die Christa unten vor der Schule gewartet hat, habe ich Marco oben vor der Tür abgefangen und direkt vor ihren Augen mitgenommen, ohne dass sie etwas gemerkt hat. Sie ist selbst schuld, weil sie mich von ihm fernhält und ihn mir nicht hin und wieder gibt.«

Doch Bernhard Gebhardt wäre gar nicht in der Lage gewesen, Marco in geordneten Verhältnissen zu betreuen, nicht einmal ein Wochenende lang. Daher hatte das Familiengericht ein geteiltes Sorgerecht nie in Erwägung gezogen. Und freiwillig besuchen wollte der Junge seinen Vater eigentlich nie, was der Mann seiner Ex-Frau anlastete, weil er dachte, sie würde seinen Sohn gegen ihn aufhetzen.

Später lebte der Mann mit einer jüngeren Frau in Thailand und hielt brieflich Kontakt zu seinem Sohn, was Christa Gebhardt gestattete.

Bei dieser Abgängigkeit hatte es sich also um eine Kindesentführung beziehungsweise um eine Entziehung eines Minderjährigen aus der Macht des Erziehungsberechtigten gehandelt.

Im Laufe meiner Dienstzeit als Abgängigenfahnder musste ich etliche solcher Fälle bearbeiten. In der Regel handelte es sich dabei um Begleitumstände von nicht harmonisch verlaufenden Ehescheidungen in Verbindung mit einem Streit um das Sorgerecht zum Nachteil der Kinder.

Frieda – Wiedergefunden nach fünfzig Jahren

Die Tür wird aufgerissen. Eisiger Wind fegt durch die Baracke, zerschneidet die dicke Luft und trägt die in einer unverständlichen Sprache gebrüllten Kommandos bis in den letzten Winkel der desolaten Unterkunft, in der es nach Erbrochenem, Schweiß und Panik riecht. Schwere Soldatenstiefel treten nach jedem Körper, der nicht schnell genug von seiner stockfleckigen Matratze hochkommt. Schreie verängstigter Frauen, Schreie der Angst gellen durch die Räumlichkeit. Frieda taucht in die Menschentraube ein und stolpert hinaus in die bitterkalte Nacht. Verzweifelt versucht sie, Schritt zu halten, eins zu werden mit dem stinkenden, verlausten Haufen, der sich bei minus vierzig Grad vor der Baracke sammeln muss. Nicht auffallen lautet die selbst auferlegte Devise. Bemerkt werden heißt Schikanen auf sich ziehen, heißt länger bleiben müssen, heißt lebenslang.

Frieda hat schon sehr lange durchgehalten. Zu lange! Eineinhalb Jahre musste sie miterleben, wie eine nach der anderen gestorben ist.

Zu Boden sehen, Frieda, sieh zu Boden, ermahnt sie sich selbst, als sie bemerkt, dass sie einem der jüngeren Soldaten für einen Moment zu lang in die Augen gesehen hat. Ein kräftiger Arm packt sie am Kragen und zerrt sie aus der Formation. Auffallen bedeutet lebenslang.

Frieda Wagner lebte in den Wirren des Zweiten Weltkrieges zusammen mit einem Onkel bei ihrer Großmutter. Es kam in der Familie immer wieder zu Streitigkeiten. An das »Warum« konnte sich die Frau in dem TV-Interview bei »Schiejok täglich« im Jahr 1995 nicht mehr erinnern.

»Ich habe wegmüssen. Bin durch Österreich gewandert und habe mal da und mal dort geschlafen.« Auf ihrer Suche nach einem Neubeginn kam sie schließlich nach Wiener Neustadt, das von russischen Streitkräften besetzt war. Als Frieda Wagner von einer Patrouille der Roten Armee aufgegriffen wurde, konnte sie keinen Ausweis vorzeigen.

»Ich habe ihnen gesagt, dass ich keine Papiere besitze. Ich wollte nur nach Hause. In mein Heimatdorf, nach Neuberg«, schilderte die Frau den Beginn ihrer unfassbaren Odyssee. »Die Russen haben mich zunächst zwei Tage lang in ihrem Hauptquartier eingesperrt. Ich war mit den Nerven am Ende, bin beinahe kollabiert und habe schließlich die Kontrolle über mich verloren. Nachdem ich einem Soldaten das Mittagessen ins Gesicht geschleudert hatte, haben sie mich wie ein Stück Vieh in einen Zug verfrachtet. ›Du kommst nach Russland‹, haben sie nur immer wieder gesagt.«

Ohne Angabe von Gründen brachten die Soldaten Frieda Wagner in ein Arbeitslager, in die Ukraine oder nach Weißrussland, die betagte Frau wusste es nicht mehr so genau.

»Jeden Tag und jede Nacht haben sie uns schikaniert. Wir wurden oft aus dem Schlaf gerissen und mussten dann im Hof antreten. Sie haben uns behandelt wie wilde Tiere. Wir bekamen nur Abfälle zu essen und Regenwasser zu trinken. Der Hunger und die Kälte haben viele Frauen dahingerafft. Einmal, es muss bereits nach Mitternacht gewesen sein, sind wir wieder im Hof des Lagers gestanden. Einer der Soldaten hat mich am Arm gepackt und in das Büro des Lagerleiters gebracht. ›Wie lang bist du schon hier?‹, hat mich der Kommandant gefragt. Ich wusste es nicht, habe nur zu Boden gesehen und gehofft, dass sie mir nicht wehtun.«

An diesem Abend wurde Frieda Wagner völlig überraschend in ein anderes Lager verlegt, musste weitere harte Jahre hinter dem Ural überstehen, bis man ihr schließlich 1952 eine Fahrkarte nach Moskau in die Hand drückte.

»Sie haben gesagt: ›Fahr nach Moskau. Von dort aus schicken wir dich nach Hause.‹« Stundenlang wartete sie am Bahnhof auf den Zug, der sie in die russische Hauptstadt bringen sollte. Als eine junge Frau mit einem Kleinkind auf der Bank neben ihr Platz nahm, ahnte Frieda Wagner nicht, dass diese Begegnung entscheidend sein würde für die nächsten vierzig Jahre ihres Lebens. »Ich habe auf das Kind aufgepasst, weil seine Mutter etwas zu essen besorgen wollte.« Als endlich der Zug einfuhr, saß Frieda Wagner immer noch mit dem Kind am Bahnsteig, von der jungen Frau fehlte jede Spur.

»Was hätte ich damals machen sollen?«, fragte Frieda Wagner im Interview und gab sich gleich darauf selbst die Antwort. »Es war kalt, ich hätte das Kind doch nicht alleine dort sitzen lassen können. Also habe ich gewartet, bis die Frau zurückkam.« Der Zug fuhr ohne Frieda Wagner ab. »Die Mutter des Kindes hat gesehen, wie verzweifelt ich gewesen bin, und mich mit zu sich nach Hause genommen, in ein Dorf in der Nähe von Ekaterinburg am Ural. Und dort blieb ich dann.«

Frieda Wagners Erinnerung an ihre Vergangenheit in Österreich verblasste in Russland mit der Zeit. Genauso wie die Erinnerung derer, die in der Heimat auf die verschleppte Frau warteten. Frieda Wagner besaß keine Papiere, war eine Fremde in einem fremden Land. Die Jahre im Lager hatten sie traumatisiert, daher wagte sie es nicht, bei den Behörden vorzusprechen, um ihren Fall zu schildern. Jahre vergingen, Jahre, in denen die Frau auf Kolchosen und in Fabriken arbeitete. Frieda Wagner vergaß, wer sie war, und wurde vergessen. 1951 erklärte man die Frau in Österreich für tot.

1994 nahm Frieda Wagners Leben einmal mehr eine dramatische Wende. Peter Rieser, Präsident des Schwarzen Kreuzes, ehemaliger Landtagsabgeordneter, reiste als Mitglied einer Delegation nach Moskau.

»Nach dem Ersten Weltkrieg wurden rund hunderttausend Österreicher als vermisst gemeldet, nach dem Zweiten Weltkrieg gar über hundertdreiunddreißigtausend. Ich habe zu dieser Thematik ein Interview gegeben, das damals in ganz Russland ausgestrahlt worden ist, und die russische Öffentlichkeit um Hinweise zu verschwundenen Österreichern gebeten«, erinnerte sich Rieser im TV-Interview. Eine Freundin von Frieda Wagner, 2500 Kilometer von Moskau entfernt, hörte davon und schrieb einen Brief an die österreichische Botschaft in Moskau. Und dann nahm alles seinen Lauf: Fünfzig Jahre nach ihrem Verschwinden konnte Frieda Wagner ihre noch lebenden Geschwister in Österreich wieder in die Arme schließen. Die Frau verbrachte ihren Lebensabend in ihrer Heimat und starb am 28. August 2012.

Natascha – Momentaufnahmen einer Abgängigkeit

Es ist kalt. Das kleine Mädchen hat den Kragen seiner Jacke aufgestellt und das Gesicht dahinter verborgen, so gut es eben möglich ist. Der Wind weht schneidend in Nataschas Gesicht und trocknet ihre Tränen, die glitzernde Spuren auf ihren roten Wangen hinterlassen. Weint das Kind, oder ist einfach nur diese Kälte an den nassen Augen schuld, die das Land nun schon seit Wochen im Griff hat?

Natascha geht ihren gewohnten Weg zur Schule, grübelt dabei wie immer über ihre Situation zu Hause nach, blickt wie üblich zu Boden, damit niemand ihren sorgenvollen Blick sieht und ihre Gedanken errät ... dennoch ist trotz des alltäglichen und völlig normal scheinenden Ablaufes etwas anders als sonst. Das Mädchen spürt, dass etwas nicht stimmt, kann das Gefühl aber nicht einordnen – eine Vermutung nur und dennoch nur wenige Sekunden später eine reale Tatsache.

Ein weißer Wagen bleibt plötzlich neben dem Kind stehen. Ein Mann, zwei Männer? Im Nachhinein wird Natascha es nicht sagen können und nur von einem Mann sprechen, weil es so gewesen sein muss. Hastige Bewegungen. Wehrlosigkeit gegenüber einem Erwachsenen. Die Tür des Wagens wird zugeknallt. Gefängnis. Jahrelanges Gefängnis.

Vieles wurde über das Verschwinden und das Auftauchen von Natascha Kampusch schon gesagt, behauptet und geschrieben. Und obwohl sich nahezu alle Sparten der europäischen Medienlandschaft bereits mehr als ausführlich des Falles angenommen haben, möchte ich dennoch einige Momentaufnahmen im Fall Kampusch beisteuern – weil es sich bei der vorliegenden Lektüre um ein Buch über Abgängige handelt, weshalb dieses Ereignis darin nicht fehlen darf. Aber auch aus dem Grund, weil meiner Meinung nach in diesem Fall noch längst nicht alle Details geklärt sind und das letzte Wort noch nicht gesprochen ist. Trotz der eingehenden Untersuchungen, die durch in- und ausländische Experten durchgeführt worden sind, herrscht in unserem Land überwiegend nach wie vor die Ansicht, dass etwas an der Sache nicht stimmig ist.

»Abgängig: minderjährige Natascha Kampusch, geboren am …, wohnhaft in …, abgängig seit 2. März 1998«, ratterte damals die Fahndung nach Natascha Kampusch aus dem Fernschreiber. Nur eine von circa 3500 Fahndungen, wie sie im Jahre 1998 ausgegeben worden waren. Dass besonders der Inhalt dieses kleinen, im Format A5 durch den Fernschreiber laufenden Blatt Papiers Österreich so lange in Atem halten würde, war damals noch nicht abzusehen.

»Selektion« hieß die Devise des Abgängigkeitsreferats, was bedeutete, dass dringende Verdachtsmomente nach Verbrechen, Unfall oder Selbstmord ausgefiltert werden mussten und anschließend die erforderlichen Fahndungsmaßnahmen zu treffen waren.

Im Fall Kampusch haben wir uns gleich an die Arbeit gemacht. Wenn ein minderjähriges Kind verschwindet, ist das »große Programm« angesagt.

Sofort nach Einlangen der Anzeige wurden sämtliche Krankenhäuser und Rettungsdienste nach Natascha Kampusch befragt, das Mädchen außerdem im Elektronischen Kriminalpolizeilichen Informationssystem (EKIS) zur Fahndung ausgeschrieben. Im gleichen Schritt wurde jede Polizeidienststelle des

Landes über den Vorfall informiert und via Interpol die Suche nach Natascha auf unsere Nachbarstaaten und die gesamte Welt ausgedehnt.

Zusätzlich zu diesen Maßnahmen werden üblicherweise – so auch hier – gleich im Anschluss, oder im Idealfall parallel dazu, intensive Erhebungen im Familienbereich des verschwundenen Menschen durchgeführt.

In den gegenständlichen Einvernahmen befanden sich die Ermittler in einer besonders belastenden Situation, war doch das Leid, das die Eltern von Natascha Kampusch zu ertragen hatten, offensichtlich. Alleine die erste Einvernahme der Kindesmutter dauerte über sechs Stunden. Eine Zeit, in der die Kriminalbeamten immer und immer wieder die gleichen Fragen stellen mussten. Obwohl die Mutter nicht im Verdacht stand, etwas mit dem Verschwinden ihrer Tochter zu tun zu haben, hätte es gut möglich sein können, dass sie bei nur einmaliger Schilderung der Vorgänge Details vergaß – wichtige »Kleinigkeiten« rund um den Morgen des kalten Wintertages, an dem das Mädchen einfach von der Bildfläche verschwunden war. Oft sind es Einzelheiten, die nicht wichtig erscheinen, die für die Ermittler aber von großer Bedeutung sein können.

Ich habe an anderer Stelle vom roten Faden geschrieben, den ein Fahnder braucht, um Ermittlungen an ihrer richtigen Stelle in Gang bringen zu können. Auch hier fehlte er vom ersten Tag an. Je tiefer man in den Fall eindrang, desto häufiger traten zudem Knoten im ohnehin schon unübersichtlichen Gewirr auf.

Erster Anhaltspunkt war eine Freundin des Mädchens, die gesehen haben wollte, wie Natascha in einen weißen Lieferwagen gezerrt wurde. Tausende infrage kommende Fahrzeuge wurden daraufhin überprüft, sogar der Wagen des Entführers, Herbert Priklopil.

Eine der häufig gestellten Fragen, die bis heute im Raum stehen, lautet: Warum ließ man Priklopil laufen, obwohl man ihn doch schon an der Angel hatte? Man hatte ihn eben nicht. Wie all die anderen Besitzer weißer Lieferwägen wurde Priklopil einer routinemäßigen Untersuchung unterzogen: Kontrolle des Fahrzeuges, Überprüfung der Personalien. Doch Priklopil war absolut unbescholten, zu keinem Zeitpunkt wäre eine Durchsuchung seines Hauses in Strasshof gerechtfertigt gewesen.

Es gab in dem Fall darüber hinaus auch eine Verbindung nach Ungarn, der die Ermittler sorgfältig nachgegangen sind. Es stellte sich jedoch heraus, dass der Kindesvater, der nie mit Nataschas Mutter verheiratet war, das Mädchen in Wahrung seines Besuchsrechtes mehrmals in sein Ferienhaus in dieses Land mitnahm. Somit erkaltete auch die ungarische Spur schnell. Und Natascha blieb verschwunden.

In einem Interview mit dem Magazin »News« wurde ich in der Ausgabe 11/98 wie folgt zitiert: »In den meisten Fällen verschwundener Kinder handelt es sich um pubertierende Ausreißer zwischen 12 und 14 Jahren. Der Fall Natascha stellt eine besondere Ausnahme dar.« Weiter hieß es in der Zeitschrift, »Vermisstenreferent Christian Mader kann sich an einen ähnlich gelagerten Fall nicht erinnern und berichtet: ›Seit 1977 führen wir Aufzeichnungen diesbezüglich. Aber dass ein Kind in Natascha Kampuschs Alter so lange freiwillig weg bleibt, war noch nie da. Viel wahrscheinlicher ist es, dass es sich hier um ein Verbrechen handelt.‹«

Wie recht ich doch behalten sollte. Das Wort »spurlos« wird gerne überstrapaziert, selbst in diesem Buch kommt es zur Genüge vor. Aber es bezeichnet die Fakten zu kaum einem Fall so treffend, wie zur Abgängigkeit von Natascha Kampusch: Es gab nicht den geringsten Hinweis auf ihren Verbleib, zumindest nicht bis zum 23. August 2006.

Bis zu diesem schicksalhaften Tag wurde jedem noch so unwichtig erscheinenden Tipp nachgegangen, man folgte jeder noch so kleinen Fährte, doch die Ermittler stießen – nicht zuletzt wegen der gesetzlichen Vorgaben – dabei immer wieder an ihre Grenzen.

Die Fahndung nach Abgängigen ist im Sicherheitspolizeigesetz (SPG) geregelt. Ohne begründeten Tatverdacht – und der ist bei Nichtvorhandensein eines »Opfers« wahrlich schwer herleitbar – fehlen griffige Möglichkeiten wie etwa die Durchführung einer Hausdurchsuchung. Während der Zeit, in der Natascha Kampusch verschwunden blieb, konnte nie ein konkreter Verdacht gegen eine bestimmte Person erhoben und diese mit dem Verschwinden des Mädchens in Zusammenhang gebracht werden. Wäre dies bei Priklopil der Fall gewesen, hätten Beamte das Haus in Strasshof auf den Kopf gestellt und Stein für Stein zerlegt, und früher oder später hätte man auch Nataschas Verlies gefunden, da bin ich sicher.

Warum alles anders gekommen ist, müssen wir hier nicht noch einmal darlegen. Wenn man Natascha in Suchmaschinen eingibt, spuckt das Internet beinahe eine Million Treffer aus. Jeder weiß Bescheid, jeder weiß es besser. Wären wir damals alle schon so klug gewesen, hätte das Mädchen nicht so lange Zeit in Gefangenschaft verbringen und letztendlich sein Schicksal selbst in die Hand nehmen und ganz alleine in die Freiheit laufen müssen.

An diesem besagten 23. August 2006 war Natascha im Garten des Hauses damit beschäftigt, Priklopils Wagen zu reinigen – unter strenger Aufsicht natürlich. Herbert Priklopil wäre lieber gestorben, als seiner Geisel die Freiheit zu schenken. Als sein Telefon läutete, ging er für einige Sekunden weg von dem Fahrzeug, weg von Natascha. Sie putzte gerade den Innenbereich, der Staubsauger war so laut, dass man sein eigenes Wort nicht verstand. Diese wenigen Sekunden haben Natascha die Freiheit geschenkt und vielleicht sogar das Leben gerettet. Sie wollte nie wieder in das enge Verlies steigen müssen, das einst als Montagegrube konzipiert worden war, zurück in diese schmale Kammer, in der es jahrelang nichts gab außer die Hoffnung. Selbst ihre verzweifelten Schreie, verschluckt von einer dicken Tresortür, waren nie nach außen gedrungen. Sie musste sich entscheiden: bleiben oder rennen? Und das tapfere Mädchen rannte!

Wenige Augenblicke später stand die bis dahin bereits über acht Jahre lang vermisste Natascha Kampusch vor Priklopils Nachbarin und gab sich zu erkennen.

Die Ereignisse des restlichen Tages sind kriminalpolizeiliche Geschichte. Das Mädchen, das mittlerweile zur jungen Frau geworden war, geriet schnell in die Fänge der Presse und wurde viel zu früh vor hungrige Kameras gezerrt, die jede Gefühlsregung in Gesicht und Stimme der Heimkehrerin in sich aufsaugten.

Die turbulenten Stunden nach der Flucht erschwerten ruhige, zielgerichtete Erstbefragungen, die vielleicht Antworten auf viele bis heute offene Fragen hätten geben können.

Herbert Priklopil richtete sich Stunden später selbst. Er warf sich zwischen den Stationen Wien Nord und Traisengasse vor einen Zug und war auf der Stelle tot.

Jahrelang waren alle Fahndungsmaßnahmen erfolglos verlaufen und manches scheint für einige auch heute noch rätselhaft. Nataschas Gefangenschaft ist längst zu Ende, doch diejenigen, die sich mit den vermeintlichen Fakten nicht zufriedengeben, werden wohl immer noch auf der Jagd nach den – ihrer Ansicht nach – wahren Antworten sein.

Die vielen widersprüchlichen Angaben rund um die Gefangenschaft von Natascha Kampusch wurden durch eine Kommission untersucht, in der neben inländischen Spezialisten auch solche des FBI und des deutschen BKA mitgewirkt haben. Wenn man den Experten Glauben schenken darf – und das muss man an offizieller Stelle, denn der Bericht stellt das endgültige Ende der behördlichen Nachforschungen dar –, hat es sich bei Herbert Priklopil um einen Einzeltäter gehandelt. Es war laut dieser Untersuchung zu keiner Zeit ein Kinderpornoring im Spiel, es existierte kein guter Freund, der von Anfang an in die Entführung eingeweiht war, und es gab keine Vertuschung, um hochgestellte Persönlichkeiten zu schützen. Aber vieles soll bei den Ermittlungen schiefgelaufen sein – eine Verkettung unglücklicher Umstände, die Nataschas Leiden verlängert haben.

Im Juni 2010 wurde Franz Kröll, der Hauptermittler im Fall Kampusch, tot aufgefunden. Dem Anschein nach hat es sich um Selbstmord gehandelt – doch es gibt auch hier Zweifel und Menschen, die davon überzeugt sind, dass der Mann ermordet wurde, weil er zu viel wusste und die Wahrheit ans Tageslicht bringen wollte!

Und der Fantasie sind keine Grenzen gesetzt. Gedanken sind bekanntlich frei.

Machen Sie sich selbst ein Bild. Eine Million Einträge im Internet, zahlreiche Bücher und ein Film erwarten Sie.

Im Februar 2013 gab die mittlerweile 25-jährige Natascha Kampusch kurz vor der Weltpremiere ihres Films »3096 Tage« mehrere Interviews, unter anderem bekannten Moderatoren wie Günther Jauch und Katja Burkhard. Es folgen einige Aussagen der jungen Frau, die über acht Jahre ihres Lebens in Gefangenschaft verbracht hat:

»Es hat mich zur Verzweiflung gebracht, dass man der körperlichen Gewalt und dem Eingesperrtsein nichts entgegenbringen kann. Je mehr Informationen ich hatte, desto mehr konnte ich seine Absichten durchschauen.«

»Da ist ein jahrelanger Druck, ein inneres Gefängnis, das es mir unmöglich machte, mich zu befreien. Er hat mir eingeschärft, niemanden anzusehen, und gesagt, er würde die Menschen, die mir helfen, erstechen oder mir etwas Schlimmes antun.«

»Es war sehr viel Selbstreflexion nötig und es war wichtig, auf den Täter einzugehen, um sich nicht zu sehr mitreißen zu lassen. Dass ich Kind war, hat mir sehr geholfen. Als Kind ist man noch nicht so oft enttäuscht worden, man ist naiver und glaubt noch an die Gerechtigkeit.«

»In den Nächten ging es nicht um Sex. Der Mann, der mich schlug, in den Keller sperrte und hungern ließ, wollte kuscheln.«

»Es fühlt sich sehr gut an, zu wissen, dass das Verlies zugeschüttet wurde. Ich habe mir gedacht, dass es für mich besser wäre – zur Verarbeitung. Ich wollte nicht, dass andere Leute Zugang dazu haben.«

»Ich habe mir auf den Postwurfsendungen das Essen angeschaut und mir vorgestellt, wie es schmecken könnte. Das ist dann so etwas, wo man an nichts anderes mehr denken kann als an Essen. Da hat man keine Hungergefühle mehr im Bauch, sondern ein Überlebensgefühl, eine Gier, die sich alles nur um etwas zu essen drehen lässt. Ich war viele Nahrungsmittel, die ich danach zu mir nahm, nicht gewohnt und habe dann Probleme bekommen und habe bis heute Schwierigkeiten herauszufinden, was die richtige Nahrung für mich ist.«

»Es war klar … nur einer von uns beiden würde überleben … Und das war ich, letztendlich … Und er nicht. Es wäre vielleicht besser gewesen, wenn Priklopil überlebt hätte. Dann wäre klar gewesen, dass ich das Opfer bin. Jetzt wird es so gesehen, als hätte ich dem Täter etwas angetan. Damit muss ich leben. Aber natürlich wäre es interessant zu erfahren, was denn nun wirklich die Motive so eines Menschen gewesen sein können. Da das nicht so ist, muss ich mich bis zu einem bestimmten Grad einfach damit abfinden und mir selbst Erklärungsmodelle erschaffen.«

»In den ersten beiden Jahren war ich nur wegen anderen in Therapie. Damit sie nicht sagen: Geh' doch dahin. Dann habe ich die Therapie unterbrochen, später aber für mich entschlossen, sie wieder aufzunehmen. Um alles besser verarbeiten zu können.«

»Nachdem ich meinen Schulabschluss nachgeholt, eine Lehre aber abgebrochen habe, merkte ich, dass ich in den letzten Jahren zu verkrampft gewisse Ziele erreichen wollte. Das hat mir nicht gutgetan.«

»Mir neidet man Geld. Viele denken, dass ich reich bin. Es hat sicher etwas damit zu tun, dass ich nicht öffentlich leide. Man soll ja nicht das Leid verdrängen, aber auch nicht das ganze Leben lang Trauer tragen. Nach außen zu gehen war für mich der richtige Weg.«

»Ich habe mich in der Gefangenschaft danach gesehnt, Nähe zu anderen Menschen zu erfahren. Die habe ich jetzt. Doch der Weg dahin war lang und oft nicht einfach.«

»Die unbeschwerte Jugendzeit werde ich wohl nie nachholen können. Was mir im Nachhinein hilft, ist, mit anderen Menschen zu kommunizieren und dass diese Menschen ihre Erfahrungen aus der Jugend mit mir teilen.«

»Ich versuche jeden Tag positiv zu begehen, das, was mir passiert ist, zu verarbeiten.«

Elisabeth – 24 Jahre lang Tochter, Geliebte und Gefangene

Zitternd rollt sich das kleine Mädchen unter seiner Decke zusammen. Es ist still in dem finsteren Haus, bis auf die schweren Schritte, die den Parkettboden knacken lassen und dann vor ihrem Zimmer haltmachen. Er wird mir auch diese Nacht wieder wehtun, denkt Elisabeth, und beginnt damit, sich innerlich auf den Schmerz vorzubereiten, den der Vater ihr in wenigen Minuten zufügen würde.

Sieben Jahre später: Die junge Frau ist in den frühen Morgenstunden von einer Party heimgekehrt und schleicht nun durch das elterliche Haus, um unbemerkt in ihr Zimmer zu gelangen. Nur nicht dem Tyrannen über den Weg laufen, denkt sie. Doch zu spät. Der herrische Vater reißt die Wohnzimmertüre auf und stürmt auf seine Tochter zu. Doch er schreit nicht, schlägt sie nicht und beschimpft sie auch nicht als Hure, wie er es üblicherweise macht. Im Gegenteil: Josef F. lächelt freundlich und meint, er müsse ihr etwas zeigen. Die junge Frau folgt ihrem Vater misstrauisch, aber ebenso neugierig nach unten in den Keller, doch noch bevor sie fragen kann, was sie sich nun anschauen solle, wird ihr ein stinkender Fetzen aufs Gesicht gedrückt. Nur wenige Augenblicke danach verliert Elisabeth das Bewusstsein. Josef F. zieht Handschellen aus seiner Hosentasche, legt sie seiner Tochter an und zerrt sie in die unterirdische Wohnung, die er extra für sein Vorhaben gebaut hat. Bevor er wieder nach oben zu seiner schlafenden Gattin geht, schließt er sorgfältig zwei dicke Betontüren hinter der 18-Jährigen zu.

Am nächsten Tag wird der Mann das Mädchen als vermisst melden und einige Zeit später einen Brief von seiner Tochter präsentieren, in dem sie behauptet, alles satt zu haben, vor allem ihr Leben und ihre Eltern, und dass sie sich einer Sekte anschließen würde.

Das Martyrium von Elisabeth F. begann am 28. August 1984, nur 150 Meter von mir entfernt. Ich war damals noch im Büro für Erkennungsdienst, Kriminaltechnik und Fahndung der Bundespolizeidirektion Wien als Daktyloskop* tätig. Gemeinsam mit meiner Frau, meinem neugeborenen Sohn und meiner Großmutter wohnte ich in meinem Elternhaus in Amstetten in der Ybbsstraße. Es handelt sich dabei um eine Fahrbahn, die das Zentrum von Amstetten durch eine Brücke über die Ybbs mit dem Ortsteil Allersdorf verbindet.

Bei uns drehte sich in jenem Sommer alles um die Geburt unseres ersten Kindes Christian. Nichts Unheilvolles lag in der Luft, niemand und nichts ließ erahnen, welche Horrorszenarien sich bald nur unweit von uns abspielen sollten.

Eines Tages, es muss Anfang November desselben Jahres gewesen sein, erzählte meine Großmutter: »Stell dir vor, die Elisabeth F. ist verschwunden. Schrecklich, da wird sicher ein Unglück passiert sein. Die armen Leute!« Dann wollte sie wissen: »Hast du denn in deinem Büro in Wien nichts davon gehört?« Doch – hatte ich. Aber ich war damals noch nicht für Abgängigkeiten zuständig.

Etwa einen Monat nach dem Verschwinden der jungen Frau berichtete uns meine Oma von einem Abschiedsbrief, den die Eltern von ihrer Tochter erhalten hätten. Darin hieß es, sie wäre

* Experte für Fingerabdruckverfahren

einer Sekte beigetreten und man solle sie nicht suchen, es ginge ihr gut. Und wieder seufzte meine Großmutter: »Die armen Leute!«

Danach wurde es schnell wieder still in der Ybbsstraße. Man schien sich damit abgefunden zu haben, dass Familie F. ihre Tochter an eine »dubiose Glaubensgruppe« verloren hatte.

Bei der Ybbsstraße handelte es sich um eine stark frequentierte Durchzugsstraße. Als Kind zählte ich, auf der Fensterbank sitzend, immer die vorbeifahrenden Autos und schrieb die Kennzeichentafeln ab. Dieselfahrzeuge – ausgenommen Lastkraftwagen – waren damals eine Seltenheit. Mit Ausnahme der Pkws des Herstellers Mercedes. Und Josef F. fuhr einen solchen Wagen (ich glaube, er war dunkelrot) – obwohl mir die Marken der Autos damals eigentlich egal gewesen sind, kannte ich das Fahrzeug von Herrn F. deshalb so genau, weil mir dieser Mann schon damals unheimlich war. Ich fürchtete mich vor ihm.

Und genau dieser Mann lockte am 28. August 1984 seine Tochter in den Keller seines Hauses, betäubte sie und sperrte sie mit Handschellen gefesselt in ein Verlies, das er schon Jahre zuvor zu bauen begonnen hatte. Nach dieser Tat ging sein öffentliches Leben weiter, als wäre nichts geschehen – und genauso verhielt es sich für die in Amstetten lebenden Menschen ja auch, außer für einen: Elisabeth.

Am 19. Mai 1993 fand Familie F. vor ihrem Mehrfamilienhaus ein neun Monate altes Mädchen auf dem Fußabtreter. Aus einem beigefügten Brief ging hervor, dass die abgängige Tochter Elisabeth bereits zwei Kinder bekommen hatte – einen Buben und ein Mädchen. Bei dem auf der Türschwelle abgelegten Säugling handelte es sich daher angeblich um das dritte Baby der jungen Frau.

Von der Auffindung des Säuglings wurde ich auch beruflich informiert, denn im Jahr 1993 arbeitete ich bereits im Wiener Sicherheitsbüro als Abgängigenfahnder. Meine Kollegen haben mich über das »Baby auf der Türschwelle« in Kenntnis gesetzt, irgendwelche Maßnahmen musste ich allerdings nicht einleiten, da sich Elisabeth F. offensichtlich freiwillig immer noch bei der Sekte aufhielt und somit nicht mehr offiziell nach ihr gesucht wurde.

Ich war natürlich dennoch neugierig, betrafen die Vorfälle doch eine Familie in meiner unmittelbaren Nachbarschaft. Daher sprach ich auch mit meiner Mutter und weiteren Nachbarn über den Fall und erfuhr, dass sich Familie F. damit abgefunden hätte, dass die junge Frau ihr Seelenheil in einer Kommune suchte und man sich um das vor dem Haus abgelegte Enkelkind, ein kleines Mädchen, kümmern wollte.

Nur wenig später beantragten Elisabeths Eltern bei der Jugendwohlfahrt in Amstetten eine Adoption des Babys, die nach mehreren Monaten Verfahrenslaufzeit von der Behörde genehmigt wurde.

Und wieder stellte sich rasch der Alltag in der Ybbsstraße ein. Naja, vielleicht nicht ganz, denn ein wenig merkwürdig erschien die Familie F. den Nachbarn schon. Den Gesprächen mit meiner Mutter entnahm ich immer wieder, dass »der F. da dauernd im Garten herumgräbt«. Man fragte sich schon, was er denn da machte. Dennoch war nichts und niemand so verdächtig, dass man etwas unternehmen hätte können. Außerdem lag kein Verbrechen vor – das dachten wir zumindest.

Mein Forscher- und Entdeckerdrang hatte aber neue Nahrung bekommen, und ich war schon immer der Typ Mensch gewesen, der Geheimnisse um jeden Preis lüften wollte. Ich beschloss daher, mir das Haus der mysteriösen Familie F. ein wenig näher anzusehen – das Gebäude hatte ohnehin schon immer einen etwas unheimlichen Eindruck gemacht und eine schaurige Faszination auf mich ausgeübt.

Die Vorderseite des mehrstöckigen Hauses in der Ybbsstraße 40 konnte man als »normal« bezeichnen, es verfügte über keinerlei Auffälligkeiten. Doch von der Nebenstraße aus betrachtet sah das Gebäude doch schon sehr unfreundlich aus und war geprägt durch klobige, bunkerartige Anbauten. Von der Seite konnte man auch den Garten auf dem Grundstück ein wenig einsehen. Und – da sah ich irgendetwas im Garten liegen – was war das? Bauschutt? Ich ging weiter und meine Blicke wanderten dabei am Zaun entlang, doch mir fiel nichts Ungewöhnliches mehr auf. Nach fünf Minuten war ich wieder bei meinem Elternhaus angelangt und instinktiv – ich erinnere mich wirklich noch ganz genau – sah ich zu unseren Kellerfenstern hinab, die knapp über dem Gehsteig eingemauert waren. Ein seltsames Gefühl beschlich mich damals, das ich zu diesem Zeitpunkt aber nicht zuordnen konnte.

Und dann passierte es wieder, und zwar am 15. Dezember 1994 – bei Familie F. wurde ein Baby vor der Tür gefunden, erneut ein Mädchen, zehn Monate alt. Auch dieses Mal beantragten Elisabeths Eltern das Sorgerecht. Anfang 1995 wurde das Kind der Familie im Sinne der »Verwandtenpflege« übergeben.

Zwei Wochen zuvor, am Heiligen Abend 1994, hatte die verzweifelte Elisabeth einen Fluchtversuch unternommen. Doch leider ohne Erfolg – Josef F. war stets auf der Hut und auf alle Eventualitäten vorbereitet, sodass er rasch handeln und die junge Frau wieder in ihr Gefängnis unter dem Haus zurückzerren konnte, als sie ausbrechen wollte.

Der unerklärliche Kindersegen in der Ybbsstraße riss jedoch nicht ab. Am 3. August 1997 wurde vor dem Haus der Familie F.

ein 15 Monate alter Bub gefunden. Die Behörden haben erneut die Prozedur zur Erlangung der Verwandtenpflege, mittlerweile schon mit beinahe alltäglicher Routine, eingeleitet und das Verfahren rasch und unbürokratisch abgewickelt. Ohne merkliche Probleme fand die Angelegenheit ein weiteres Mal ihren praktischen Ausgang und Josef F. wurde einmal mehr zum fürsorglichen Großvater.

Später stellte sich heraus, dass es sich bei diesem Kind um einen Zwilling handelte: 1996 kamen im Verlies zwei Buben zur Welt. Einer der kleinen Jungen war aber zu schwach und verlor schon in den ersten Stunden den Kampf um sein Leben, da die notwendige ärztliche Versorgung fehlte. Mit unvorstellbarer Skrupellosigkeit verbrannte Elisabeths Vater die Leiche seines Sohns im Heizofen des Hauses. Dieses Vorgehen sollte das Gericht später als Mord durch Unterlassung werten.

Am 16. Dezember 2002 lag die junge Frau in ihrem Gefängnis ein sechstes Mal in den Wehen und gebar erneut ohne jede medizinische Unterstützung, Beistand von Vertrauten und liebende Worte eines Partners ein weiteres Kind – wieder einen Sohn.

Zu diesem Zeitpunkt hatte Elisabeth F. bereits 18 Jahre in der düsteren »Wohnung« unter dem Haus in der Ybbsstraße 40 verbracht, 18 lange Jahre, in denen Drohungen, Züchtigungen und Vergewaltigungen an der Tagesordnung waren. Sie hatte mittlerweile drei Kinder bei sich: eine 1989 geborene Tochter und zwei Söhne, geboren 1990 und 2002.

Das Ende des Martyriums begann sich am 19. April 2008 abzuzeichnen. Elisabeths 19-jährige Tochter Kerstin erkrankte schwer und die Kindesmutter bat ihren Vater verzweifelt, das Mädchen in ein Krankenhaus zu bringen. Josef F. zeigte sich unerwartet einsichtig und brachte die bereits Bewusstlose nach oben in sein Wohnzimmer. Dann rief der Mann die Polizei und behauptete, die 19-Jährige wäre von seiner Tochter Elisabeth, die immer noch einen Schlüssel besitzen würde, im Haus abgelegt worden.

Das schwerstkranke Mädchen wurde sofort in das Landesklinikum Mostviertel Amstetten eingeliefert. Dort fand man in der Kleidung einen Brief seiner Mutter, in dem diese um Hilfe für ihre Tochter bat. Mehr hatte sich Elisabeth auf diesem Blatt Papier, aus Angst vor der Rache ihres Vaters, sollte er den Zettel finden, wenn er Kerstin noch zu Hause durchsuchte, nicht notieren getraut.

Nun begannen die Fahndungsmaßnahmen nach Elisabeth F., deren Verhalten den Behörden, die mittlerweile nicht mehr so recht an ein freiwilliges Fernbleiben glaubten, seltsam erschien. Durch Medienaufrufe wurde die 42-Jährige ersucht, sich zu melden, um damit vielleicht das Leben ihres Kindes retten zu können.

Medienaufruf des Krankenhauses Amstetten am 19. April 2008 im Originalwortlaut:

> Die 42-jährige Elisabeth F., die sich vermutlich im Bezirk Amstetten aufhält, möge sich dringend im Krankenhaus Amstetten melden. Ihre 19-jährige Tochter liegt in lebensbedrohlichem Zustand auf der Intensivstation.
> Die Ärzte brauchen dringend Auskunft über die Umstände, die das Krankheitsbild des Mädchens hervorgerufen haben, und ersuchen die Mutter, sich umgehend zu melden unter der Telefonnummer 07472 604 ****.
> Wer weiß, wo sich Elisabeth F. aufhält, oder wo ihre 19-jährige Tochter Kerstin wohnt, den bittet die Polizei, sich dringend zu melden. Hinweise nimmt jede Polizeidienststelle entgegen.

Von unfassbarer Sorge geplagt, flehte Elisabeth, nachdem sie den Aufruf im TV gesehen hatte, ihren Vater an, sie in das Krankenhaus zu fahren. Und wieder zeigte der skrupellose und grausame Mann unerwartet Erbarmen, und wieder konstruierte er eine Lügengeschichte. Er brachte alle Personen vom Verlies nach oben, nicht ohne sie vorher genau zu instruieren und einzuschüchtern, und erzählte seiner Frau, die über 24 Jahre lang abgängige Tochter wäre nun mit weiteren Kindern plötzlich aufgetaucht.

Das Ende der Gefangenschaft nahte. Die kriminalpolizeilichen Aktivitäten liefen mittlerweile auf Hochtouren. Aktuelle Erkenntnisse wurden ausgewertet und analysiert, kriminaltaktische Maßnahmen ergriffen – mit Erfolg: Elisabeth F. hat ihre vermutlich einzige Chance genutzt und sich im Verlauf einer der Krankenhausbesuche den Polizeibeamten anvertraut. Hätte die Frau das nicht getan, wäre sie vermutlich weiter von ihrem Vater manipuliert und das Verbrechen nie aufgedeckt worden.

Josef F. wurde am 26. April 2008 in Begleitung zweier Kinder angehalten und festgenommen, am 27. beschrieb er meinen Kollegen, wie sie in das gut abgesicherte Verlies gelangen konnten. Am 28. April 2008 legte der Entführer, Vergewaltiger und Peiniger seiner eigenen Tochter ein vollumfassendes Geständnis ab, in dem er auch zugab, Elisabeth im Alter von elf Jahren das erste Mal missbraucht zu haben. Einen Tag später verhängten die Behörden eine Untersuchungshaft über ihn.

Die Ehefrau des Täters, Elisabeths Mutter, behauptete zu jeder Zeit, von den Vorgängen im Keller ihres Hauses nichts geahnt zu haben. Gegenteiliges konnte ihr auch nicht nachgewiesen werden.

Tatsächlich fanden die Beamten des Landeskriminalamtes Niederösterreich und des Bezirkspolizeikommandos Amstetten in dem Haus in der Ybbsstraße 40 einen Kerker des Grauens vor. Der Eingang zum Verlies befand sich in einem Werkraum im Keller des Hauses. Es mussten fünf Räume durchquert werden, um in einen Arbeitsraum zu gelangen, in dem sich der Eingang zu dem Kellergefängnis befand. Ein Regal versperrte die Sicht auf zwei dort hintereinander angebrachte Türen, beide etwa 250 Kilo schwer, massiv aus Stahlblech gearbeitet und mit Beton ausgegossen, die als massive Barriere fungierten. Diese Türen waren mit einem Schließmechanismus versehen, der mittels Zahlencode über eine funkgesteuerte Einrichtung betätigt wurde. Im Inneren der »Kellerwohnung«, in der Elisabeth F. 24 Jahre ihres Lebens in Gefangenschaft verbracht hatte, führte von der ersten Tür ein etwa fünf Meter langer, schmaler Gang zu einem weiteren Schlupfloch. Die Räume, in die man danach gelangte und die auf unterschiedlichen Ebenen lagen, befanden sich in einem gepflegten Zustand, waren etwa 1,7 Meter hoch und verfügten über eine Gesamtfläche von etwa 60 Quadratmeter. Alle Zimmer waren mit Gummimatten schallisoliert worden. Es gab einen Lagerraum für Lebensmittel sowie einen Raum mit Tisch, Kochnische, Waschbecken, Dusche und Toilette. Darüber hinaus existierten zwei Schlafzimmer mit je zwei Betten. Kühlschrank und Tiefkühltruhe sorgten für die Frischhaltung von Lebensmitteln. Sogar an eine Waschmaschine hatte Josef F. gedacht. Zur Unterhaltung standen Fernseher, Videorekorder und Radio zur Verfügung.

Heute ist das Verlies des Grauens Geschichte. Mehr als fünf Jahre nach seiner Entdeckung wurde im Juni 2013 mit über dreihundert Tonnen Beton die Vergangenheit ausgelöscht.

Am 14. September 2009 hat man dem nach außen hin treu sorgend wirkenden Familienvater Josef F. im Bezirksgericht St. Pölten den Prozess gemacht. Der Mann, den viele als Bestie bezeichnen, wurde zu einer lebenslangen Haftstrafe und der Einweisung in eine Anstalt für geistig abnorme Rechtsbrecher verurteilt. Seitdem sitzt er in der Justizanstalt Stein hinter Gittern.

Sämtliche beteiligte Familienangehörige leben heute an einem geheimen Ort unter anderem Namen und haben dort ein neues Leben angefangen. Sie hoffen, irgendwann in der Lage zu sein, die Geschehnisse zu verarbeiten – vergessen können werden sie niemals.

Ingrid und Phillip – 102 Monate

Georgine Ehmann schaut aus dem Fenster. Ihre Augen schaffen es nicht, einen bestimmten Punkt zu fixieren, wandern über die Straße, über die Dächer der gegenüberliegenden Häuser und schließlich zur Sonne, die hinter den Dächern von Graz verschwindet. Ein letzter gleißender Strahl wandert zu der Frau in die Wohnung und verfängt sich in dem kleinen Spiegel an der Wand, bevor das orangefarbene Licht verblasst und der Raum grau wird.

Ein weiterer Tag voll von Verzweiflung, Hoffnungslosigkeit und Trauer geht zu Ende. Georgine wischt sich langsam eine zögerlich aus dem Auge getretene Träne, die langsam an der Wange hinabkriecht, aus dem Gesicht – richtig weinen kann sie schon lange nicht mehr.

So wie jetzt sitzt die Frau seit damals jeden Abend in ihrer Küche und wartet. Damals. Das war vor achteinhalb Jahren. Einhundertzwei Monaten. Mehr als dreitausend Tagen. Mehr als siebzigtausend Stunden. Georgine Ehmann rechnet ihre Qual jeden Abend vor dem Zubettgehen in alle erdenklichen Zeiteinheiten um. Seit damals.

Damals ist ein Herbsttag im Jahr 2004. Die Frau steht auf und schleppt sich kraftlos durch die Wohnung. Sie würde sich nun vor den Fernseher setzen und sich berieseln lassen, ohne dabei so richtig zu verstehen, was sie sich ansieht.

Auch heute wieder kein Hinweis. Kein Brief. Keine E-Mail. Kein Anruf. Nichts, das der Frau die Hoffnung wieder zurückbringen kann.

Trotz der vielen Erfahrungen, die ich während meiner langjährigen Tätigkeit im Vermisstenreferat der Bundespolizeidirektion Wien sammeln konnte, bewegte mich das Verschwinden der Geschwister Ehmann aus der Steiermark, das fast neun Jahre angedauert hat, besonders.

Nach jahrelangen Eheproblemen reichte Georgine Ehmann 2004 die Scheidung von ihrem Mann ein. Nachdem das Landesgericht Graz dem Vater das Sorgerecht für die gemeinsamen Kinder Ingrid und Phillip entzogen hatte, stellte das Landesgericht für Strafsachen in Graz einen Haftbefehl gegen Johann Ehmann aus. Der Kindesvater stand im Verdacht, seiner Ehefrau mit Brandstiftung, Gefährdung durch Sprengmittel sowie Mord an den beiden Kindern gedroht zu haben, um so eine Weiterführung der Ehe zu erzwingen. Zu einer Festnahme von Johann Ehmann kam es allerdings nicht mehr. Bevor die Fahnder des Landeskriminalamts Steiermark zuschlagen konnten, setzte sich der Mann gemeinsam mit seinen beiden Kindern ab. Seit dem 25. November 2004 wurde sowohl national als auch international nach den Verschwundenen gefahndet, das Bundeskriminalamt sowie Interpol waren an der Suche beteiligt – lange Zeit ohne Erfolg.

Ich erreichte Georgine Ehmann Anfang Juli 2013 am Telefon, nachdem ich ihr in einer E-Mail über mein Vorhaben, ein Buch über vermisste Menschen zu schreiben, berichtet hatte. Als ich die Nummer in mein Handy eintippte, wurde mir heiß. Schuld daran war aber nicht die drückende Hitzewelle, unter der unser Land seit Wochen litt, sondern der Umstand, dass ich gleich mit einer Frau sprechen würde, deren Martyrium für einen Unbeteiligten wohl unvorstellbar ist.

Nach anfänglichem Zögern und nachdem ich ihr mehrmals meine Beweggründe erläutert hatte, erklärte sie sich zu einem persönlichen Kontakt bereit. Die Verhandlungen über das

Treffen mit der leidgeprüften Frau zogen sich dann bis in den Spätsommer. Anfang September war es dann so weit. Ich fuhr zu Georgine Ehmann nach Graz.

Bevor ich die Klingel drückte, versuchte ich mir noch ein Bild von der Gegend zu machen, in der die Frau lebt. So spazierte ich durch die Straße, in der sie wohnt. Ich sah zahlreiche Gemeindebauten, einen Supermarkt in unmittelbarer Nähe, Kinder spielten auf einer heruntergekommenen, zum Fußballplatz umfunktionierten Tennisanlage, ich erblickte Kneipen, in denen bereits am frühen Vormittag reichlich dem Alkohol zugesprochen wurde, und meinte eine gewisse Hoffnungslosigkeit zu erkennen, die über dem Straßenzug lag. Konnte jemand, der hier wohnte, Abend für Abend neue Kraft schöpfen für einen Kampf, der aussichtslos scheint?

Als Georgine Ehmann die Tür öffnete und mich hereinbat, bemerkte ich sofort die Anspannung, unter der die Frau stand. Mein Anruf hatte, wie mir die Frau später im Gespräch bestätigte, ihrem Kampf um die beiden Kinder wieder neue Energie verliehen. Dic Geschichte, die ich ja bereits kannte, aber nun auch aus ihrem Munde hörte, ließ auch mich nicht kalt und mehrmals vor Wut auf den skrupellosen Entführer die Fäuste ballen.

Georgine Ehmann lernte ihren späteren Mann Johann in den Neunzigern kennen. Sie arbeitete damals – wie heute auch noch – als mobile Pflegehilfe und kümmerte sich um die gebrechlichen Eltern von Johann. Im Laufe der Zeit kamen sich die beiden näher und verliebten sich schließlich ineinander.

»Johann war zu Beginn unserer Beziehung ein mitfühlender und rücksichtsvoller Partner«, beschrieb Georgine Ehmann jene Seiten ihres Mannes, die sie einst an ihm mochte. »Er hat mir immer wieder versichert, dass ich das bin, was er sein Leben lang gesucht hat«, setzte sie fort. Bald kamen die Kinder zur Welt.

»Nachdem Ingrid und Phillip geboren waren, geschah etwas mit Johann. Ich kann mir bis heute nicht erklären, was da passiert ist. Es ging auf jeden Fall schleichend vor sich. Bis es dann zu spät war«, beschrieb Georgine Ehmann die Wesensänderung ihres Mannes.* Laut Georgine Ehmann begann ihr Mann psychischen Druck auf sie und die Kinder auszuüben, bedrohte die Frau mehrmals mit dem Tod, bis sie schließlich aus Angst vor einer weiteren Eskalation im Herbst 2004 mit ihren Kindern ins Frauenhaus flüchtete. »Ich wusste nicht mehr weiter. Johanns Verhalten hat immer bedrohlichere Ausmaße angenommen. Ich konnte nicht mehr ausschließen, dass er mir und den Kindern körperliche Gewalt antun würde.« Georgine Ehmanns Verhalten zeigte Wirkung. Ihr Mann gelobte in zahlreichen Telefonaten Besserung und wollte, dass sie mit den Kindern zurückkam. Doch die Frau hatte Angst. Nach allem, was vorgefallen war, konnte sie ihrem Mann nicht mehr vertrauen. Nachdem sie Johann Ehmann eine Paartherapie vorgeschlagen und dieser abgelehnt hatte, begann ein Rosenkrieg. Zu diesem Zeitpunkt hatten beide das gemeinsame Sorgerecht für die Kinder. Eines Tages nutzte Johann Ehmann laut seiner Frau sein Besuchsrecht und fuhr vor ihren Augen mit den Kindern einfach davon, nachdem sich diese seinen neuen Wagen angesehen hatten. Georgine Ehmann stand hilflos daneben.

»Es war schrecklich. Ingrid hat noch versucht, die Autotür von innen zu öffnen. Diese war aber versperrt.« Polizei und Jugendamt wurden verständigt.

Georgine Ehmann ist über das Verhalten der Behörden bis heute fassungslos. »Man hat mir gesagt, dass man da im Moment nichts machen kann, weil wir die gemeinsame Obsorge haben. Wir sollten uns einigen – zum Wohle der Kinder.« Von die-

---

* Die beiden galten vor dem Gesetz immer noch als Mann und Frau, weil Johann Ehmann für ein Scheidungsverfahren nicht greifbar war.

sem Zeitpunkt an verbrachten die Kinder die meiste Zeit bei ihrem Vater, wollten angeblich nicht mehr zu Georgine Ehmann zurück. »Ich bin sicher, dass Johann die Kinder dahin gehend beeinflusst hat.«

Genauso rätselhaft wie das Vorgehen der Behörden ist auch der weitere Verlauf der Geschichte. Nachdem Johann Ehmann seine Frau und die Kinder neuerlich gefährlich bedroht hatte, wurden Anzeige und Haftbefehl gegen ihn erlassen. Die Polizei kam aber zu spät: Johann, Ingrid und Phillip Ehmann waren seit dem 25. November 2004 »spurlos« verschwunden.

Laut polizeilichen Ermittlungen spurlos! Laut Georgine Ehmann führte die Spur jedoch eindeutig nach Deutschland. »Johann hat einen Teil seines Lebens in diesem Land verbracht, hat dort gearbeitet, kennt sich zudem in Bayern bestens aus.« Und was Georgine Ehmann besonders betonte: »Ein Bruder meines Mannes lebt in München. Er verwaltet das gesamte Vermögen von Johann. Mietshäuser, Grundstücke, verpachtete Äcker. Es wäre ein Leichtes für meinen Gatten gewesen, sich mit den Kindern unter falschen Namen eine neue Existenz aufzubauen. Mit der notwendigen Unterstützung geht das. Johann ist so vermögend, er kann ohne Probleme von den Einkünften leben, die seine Immobilien abwerfen.«

Mehrmals kam Georgine Ehmann auf Deutschland zu sprechen. Man merkte ihr an, dass sie mehr über die Möglichkeiten sagen wollte, die Johann Ehmann für den Aufbau einer neuen Existenz – möglicherweise sogar unter einer falschen Identität – dort finden würde. Ich entnahm ihrer Ausdrucksweise aber auch, dass ihr bewusst war, was eine konkrete Anschuldigung gegen eine Person für rechtliche Folgen haben konnte. »Zivilprozesse sind teuer«, sagte ich vor mich hin. Georgine Ehmann lächelte – es handelte sich dabei um ein gezwungenes Lächeln.

Am 19. April 2010 erschien folgender Artikel in der Tageszeitung »Heute«:

Mystery-Krimi: Weil seine Frau sich scheiden lassen wollte, kidnappte der Ehemann (56) die beiden Kinder: Nach jahrelanger Fahndung gehen unsere Top-Ermittler jetzt von einem Gewaltverbrechen aus.

Den achten Geburtstag ihrer Tochter Ingrid wird Georgine Ehmann (44) aus Graz niemals mehr vergessen. Denn an diesem 25. November 2004 lockte ihr Gatte Johann (56) die beiden Kinder Ingrid und Philipp in seinen Opel Astra – und raste davon. Bis zum heutigen Tag fehlt von dem Geschwisterpaar jede Spur. Nachdem jahrelange Ermittlungen erfolglos blieben, haben österreichische Fahnder jetzt einen schrecklichen Verdacht: Der Vater könnte seine Kinder ermordet haben!

Denn bereits vor der spektakulären Entführung soll der gelernte Schlosser und Pferdezüchter angekündigt haben, seine Kinder umzubringen – falls Ehefrau Georgine sich scheiden lassen wollte. »Er hat auch angedroht, das gemeinsame Haus mit der Familie anzuzünden oder in die Luft zu jagen«, erklärt ein Kriminalist. Die Ermittlungen gehen weiter.

Das letzte Lebenszeichen des mittels internationalem Haftbefehl gesuchten Johann Ehmann gab es laut seiner Frau 2009. In einem Brief an die österreichischen Behörden beschwerte er sich über die – seiner Meinung nach – ungerechte Behandlung, die ihm als Vater von Ingrid und Phillip zuteil wurde. Ein Brief, den Georgine Ehmann nie zu Gesicht bekommen hat. Dies wurde ihr aufgrund des Datenschutzes verwehrt.

Ingrid ist heute sechzehn, Phillip dreizehn Jahre alt.

Diese Personenfahndung war auf der Seite des Bundesministeriums für Inneres online:

Personenfahndung
Ehmann Johann
Familienname
Ehmann
Vorname(n)
Johann
Geburtsort
Graz
Geburtsdatum
08.11.1953
Staatsangehörigkeit
Österr.
Sonstiges
Johann Ehmann stammt aus Graz. Seine Kinder Ingrid und Phillip sprechen sehr gut Deutsch und Ungarisch. Die österreichische Polizei hält es für wahrscheinlich, dass sich alle drei in Deutschland aufhalten. Möglicherweise gehen die Kinder dort sogar zur Schule.
Ehmann könnte mit einem blauen Opel Astra mit dem österreichischen Kennzeichen GU-379ED unterwegs sein.
Personenbeschreibung
schlank, Stirnglatze, blonde Haare, blaue Augen
Gefahndet seit
25.11.2004
Gericht
Landesgericht für Strafsachen Graz
Internet Fahndung seit
13.03.2006

Sachverhalt/Delikt

Ehmann Johann, geb. 08.11.1953 in Graz, österr. StA., ist dringend verdächtigt in mehreren Angriffen seine Frau genötigt zu haben, ihn nicht zu verlassen, indem er ihr mit einer Gefährdung durch Sprengmittel, mit einer Brandstiftung und dem Tod der gemeinsamen Kinder drohte. Ehmann Johann ist in Begleitung der Kinder Ehmann Ingrid, geb. 25.11.1996 in Stein am Anger und Ehmann Phillip, geb. 17.02.2000 in Stein am Anger.

Ehmann Johann wurde das Sorgerecht der Kinder durch das Landesgericht Graz entzogen.

Kontaktadresse

per Post an: Bundesministerium für Inneres
Generaldirektion für die öffentliche Sicherheit
Bundeskriminalamt – SPOC
Josef Holaubek Platz 1
A-1090 Wien
per Telefax: +43 1 24836-85191
telefonisch: +43 1 24836-85025-85027
E-Mail: bmi-ii-bk-spoc@bmi.gv.at

Das Leben schreibt aber immer noch die besten Geschichten, wie ein Artikel beweist, der am 10. Oktober 2013 ab etwa 6 Uhr morgens online die Runde machte:

Paukenschlag in einem Grazer Familiendrama: Neun Jahre nach der Entführung ihrer beiden Kinder kann eine zweifache Mutter ihren Sohn Philipp und ihre Tochter Ingrid bald wieder in die Arme schließen. Der Vater war mit dem Buben und dem Mädchen im Zuge eines Sorgerechtsstreits im Jahr 2004 spurlos verschwunden. Die Flucht des 59-Jährigen endete nun mit seinem Tod bei einem Motorradunfall in Südamerika. Die Kinder sind wohlauf.

Dabei hatte für die Grazer Familie E. alles ganz romantisch begonnen. Georgine und Johann hatten sich kennen- und lieben gelernt, als die junge Ungarin nach Österreich kam, um die Mutter ihres späteren Ehemanns als Krankenpflegerin zu betreuen. Man heiratete, Tochter Ingrid und Sohn Philipp kamen zur Welt.

Doch schon bald begannen die Probleme. Johann E. fing an, seine Frau zu bedrohen: »Wenn du mich verlässt, bringe ich die Kinder um und sprenge alles in die Luft.« Daraufhin flüchtete Georgine schließlich 2004 vor ihrem gewalttätigen Mann ins Frauenhaus. Das Sorgerecht über die Kinder wurde ihr zugesprochen. Doch Johann E. nutzte sein Besuchsrecht im November desselben Jahres aus – und entführte das damals achtjährige Mädchen und seinen fünf Jahre alten Bruder.

Für die zweifache Mutter begann ein unglaublicher Leidensweg. Der »Fall E.« machte österreichweit Schlagzeilen. Doch auch nach flammenden Appellen der Mutter in der Kronen Zeitung und ORF-Sendungen wie »Thema« oder der »Barbara Karlich Show« gab es kein Lebenszeichen ihrer Liebsten. Selbst ein verzweifelter Video-Aufruf unter Tränen auf YouTube brachte keinen Erfolg – genauso wenig wie die weltweite Fahndung. Die Hoffnung schwand mit den Jahren, selbst steirische Ermittler glaubten, dass der Vater die Kinder ermordet hatte.

Jetzt, fast neun Jahre später, ging das Familiendrama zu Ende. Doch nicht durch irdische Gerichtsbarkeit, sondern durch den Tod des Vaters. Einen Monat vor seinem 60. Geburtstag starb der Kindesentführer an seinem Fluchtort in Paraguay bei einem Motorrad-Unfall in der Stadt Encarnacion. Als sich die Behörde der Waisenkinder annahm, flog alles auf.

Die wieder in ihre Heimat Ungarn gezogene Mutter (46) wurde inzwischen informiert. Sie will schnellstmöglich nach Paraguay, um ihre Kinder nach neun Jahren endlich wieder in die Arme schließen zu können. (© Kronen Zeitung, 10.10.13)

Spuren ins Ausland

Relativ häufig müssen die für eine Abgängigkeit zuständigen Beamten den Hinweisen auf den Verbleib eines Vermissten weit über die Grenzen seines Heimatlandes hinaus nachgehen, um herauszufinden, was mit der betreffenden Person passiert ist. Es kommt immer wieder vor, dass Menschen gerade auf Reisen verschwinden, weil auf diese Art und Weise ein geplantes Untertauchen einfacher ist und sich Spuren leichter verwischen lassen. Doch hin und wieder kommen Menschen auch unfreiwillig nicht aus dem Urlaub zurück, weil sie dort einem Verbrechen zum Opfer fallen. Trotz der gut funktionierenden Zusammenarbeit fast aller Staaten dieser Erde hinsichtlich der Suche nach abhandengekommenen Menschen ist eine länderübergreifende Fahndung immer schwieriger als eine national begrenzte.

Helmut – Die Hoffnung stirbt zuletzt

Als Helmut in der Wohnung seiner Mutter im dritten Stock eines Wiener Gemeindebaus erwacht, lächelt er – es ist das erste Mal seit Wochen, dass er wieder so etwas wie Erleichterung, ja sogar Freude, verspürt.
Wie jeden Tag ist er von seiner verwitweten Mutter telefonisch geweckt worden, nachdem sie bereits um sechs Uhr zur Arbeit gefahren war – sie arbeitet als Bedienerin in der Post-Direktion.
Der junge Mann packt seine Tasche, geht ins Badezimmer, um sich frisch für den Tag zu machen, und marschiert dann in die Küche. Helmut schaut auf die Uhr und stellt fest, dass er nicht mehr viel Zeit hat, schlingt hastig das vorbereitete Wurstbrot hinunter und trinkt rasch zwei Tassen Kaffee. Dann verlässt er nach einem kurzen Blick auf das handkolorierte, bereits etwas vergilbte Hochzeitsfoto seiner Eltern, das an der Wand hängt, hastig die Wohnung.
Auf dem Weg zu seinem Auto summt Helmut ein Lied und blickt dann mit so etwas wie Zuversicht zum Haus zurück.
Seine liebe, fleißige Mama sollte auch endlich wieder Glück haben im Leben und außerdem stolz sein auf ihren Sohn. Und genau dafür wollte er sorgen. Es war endgültig an der Zeit, zu handeln und richtige Entscheidungen zu treffen.
Helmut steigt in seinen hellroten Audi, wirft seine Tasche auf die Rückbank, dreht das Radio auf und braust mit quietschenden Reifen davon. Schon bald würde alles besser werden – und die Hoffnung stirbt zuletzt.

Am 17. Oktober 1983 verließ Helmut Morth gegen 7 Uhr 30 die elterliche Wohnung in einem 60er-Jahre-Gemeindebau in Wien, um zur Arbeit zu fahren. Ab diesem Zeitpunkt fehlte jede Spur von dem damals 20-Jährigen.

Helmuts Mutter, Hilde Morth, eine einfache, aber liebe und herzliche Frau, erschien, nachdem sie eine Abgängigkeitsanzeige erstattet hatte, regelmäßig auf einer Polizeidienststelle in Wien. Die Witwe bestand darauf, immer wieder nachzufragen, ob es etwas Neues hinsichtlich des Verschwindens ihres Sohnes gäbe, sie wollte niemals aufhören, nach Helmut zu suchen.

Der Abgängigenakt des jungen Mannes wuchs relativ rasch, er enthielt die gesamte Geschichte seines Lebens, das er bis zum Zeitpunkt seines Verschwindens geführt hatte, durchrecherchiert bis ins letzte, hinterste Eckchen seines Daseins.

Schon zu Beginn der Abgängigkeit wurde ein Verbrechen befürchtet, zumal auch sein Pkw mit dem Kennzeichen W 201.626 nicht mehr aufgetaucht ist. Gelang es einem Menschen nämlich, mehr oder weniger gut unterzutauchen, so war es doch bedenklich, wenn mit ihm auch ein angemeldetes Kraftfahrzeug von der Bildfläche verschwand. Für Profis, die im Bereich der organisierten Kriminalität arbeiten, wäre es natürlich kein Problem, ein teures Auto offiziell plötzlich nicht mehr existieren zu lassen.

War Helmut Morth vielleicht seines Audi 80 wegen ermordet und das Auto von einem gut organisierten kriminellen Team ins Ausland verschoben worden? So wie sich der Großteil der Menschen seine Pkws beim Autohändler kauft, erwerben weltweit manche Leute ihr Fahrzeug über Profidiebe, manchmal wissentlich und sogar auf Bestellung, manchmal aber auch unwissentlich.

Dann fanden wir heraus, dass dem Abgängigen offensichtlich bereits drei Wochen vor seinem Verschwinden in der Möbelfirma, in der er als Tischler gearbeitet hatte, gekündigt worden war.

Helmuts Mutter gestand uns verlegen: »Das ist nicht das erste Mal, dass der Junge seinen Job verliert. Es fällt ihm schwer, eine Arbeit zu finden, die ihm Spaß macht und die er auch zur Zufriedenheit seines Chefs erledigt. Aber ich dachte wirklich, bei dem Möbelhersteller klappt es … dabei … und ich weck ihn auch noch jeden Tag telefonisch auf und mach ihm sein Frühstück, obwohl er schon längst nicht mehr in die Firma geht!« Die Frau schien sehr betroffen über das Verhalten ihres Sohnes zu sein. Laut Zeugenaussagen war der 20-Jährige tatsächlich täglich zum selben Zeitpunkt aus dem Haus gegangen, als hätte er ein geregeltes Berufsleben.

Obwohl Helmut Morth neuerlich seinen Job verloren hatte, glaubte keiner von uns an Selbstmord. In diesem Alter brachte man sich nicht um, nur weil der Chef einem kündigte. Außerdem – selbst wenn der junge Mann sich beispielsweise in einem See ertränkt hätte und die Leiche noch nicht gefunden worden wäre, wo war dann das Auto?

Wir stellten rasch fest, dass in Österreich keinerlei Lebenszeichen von Helmut Morth mehr existierten, es gab keine Kontobewegungen, keine Bezahlung der Kfz-Versicherung, keine aktuellen Meldedaten, keinen neuen Arbeitgeber, einfach nichts!

Ein Jahr nach dem Verschwinden des Mannes erhielt eine Bekannte von ihm eine Ansichtskarte aus Griechenland, auf welcher der Poseidon-Tempel auf Kap Sounion abgebildet war, das etwa siebzig Kilometer außerhalb von Athen liegt – darauf stand: Herzliche Urlaubsgrüße, Helmut. Abgestempelt war die Karte allerdings woanders, nämlich in der Ortschaft Amarynthos, die drei Stunden Schifffahrt von Athen entfernt auf der Insel Euböa zu finden ist.

Sowohl die Bekannte als auch Hilde Morth wollten in der vorliegenden Handschrift die des Abgängigen wiedererkannt haben. Unser Experte hingegen konnte eine Übereinstimmung der Handschriften nicht bestätigen. Man muss allerdings bedenken, dass aufgrund der wenigen Worte auf der Grußkarte nicht ausreichend Vergleichsschriftzüge für die kriminaltechnische Untersuchungsstelle zur Verfügung standen.

Doch da man sich bei der Fahndung nach Abgängigen, wie auch bei der Identifizierung von unbekannten Leichen, auf Fakten berufen muss, maß ich dem Ergebnis des Handschriftenvergleiches keine erhebliche Bedeutung bei. Ich hatte sehr wohl die Vermutung, dass es sich bei der Karte aus Griechenland tatsächlich um einen Gruß von Helmut Morth handelte. Denn angenommen, der Mann wäre einem Verbrechen zum Opfer gefallen, warum sollte jemand ein Jahr später einer Bekannten des Vermissten eine Ansichtskarte schicken und damit erneut Aufmerksamkeit auf den Fall lenken? Wer hätte überhaupt von der Existenz dieser Frau und ihre Anschrift gewusst? Auch wäre einem vermeintlichen Kriminellen sicher klar gewesen, dass seine Handlung weitere Recherchen nach sich ziehen und eine konzentrierte Personenfahndung in Griechenland auslösen würde. Oder handelte es sich bei diesem Kartengruß um ein Ablenkungsmanöver?

Natürlich werden Ermittler von Kriminalfällen oft genug mit Verschleierungstaktiken konfrontiert – als eine Art Schachspiel zwischen Täter und Ermittler –, aber zu einer Abgängigkeit passte so etwas nicht!

Die Ansichtskarte an seine Bekannte blieb allerdings nicht die einzige Spur nach Griechenland. Aufgrund einer von den Medien ausgestrahlten Suchmeldung rief ein deutscher Wirt aus Thessaloniki bei uns an, der den Vermissten im Jahr 1985 für einige Zeit bei sich beherbergt haben wollte. Weitere Erhebungen vor Ort verliefen danach aber negativ.

Der tatsächliche Verbleib von Helmut Morth blieb weiterhin unbekannt und stellte uns vor ein Rätsel. Zu Frau Morth hielt ich stets Kontakt. Wir hatten zusammen ja auch schon viel erlebt, waren gemeinsam bei »Schiejok täglich« (ORF) und »Bitte melde dich!« (RTL), sind auch im Radio auf der Suche nach ihrem Sohn gemeinsam aufgetreten.

Bis heute fehlt jede Spur des jungen Mannes, dabei wünscht sich seine Mutter nichts sehnlicher, als endlich ein Lebenszeichen von Helmut zu erhalten. Sie sagte oft: »Ich hab als Pensionistin ja nicht so viel Geld, sonst wäre ich schon längst nach Griechenland geflogen und hätte ihn selbst gesucht.«

Ich denke, vielleicht brauchte Helmut Morth seine Freiheit, wollte sich von zu Hause abnabeln und ursprünglich nur ein paar Monate wegbleiben. Eventuell war es sein einziger Wunsch, sich und seinen Verwandten zu beweisen, dass er in einem anderen Land leichter Arbeit finden und Erfolg haben würde. Es wäre möglich, dass er sich danach nicht mehr zurückgetraut hat, weil aus einer Karriere wieder nichts geworden war und er in seinen Augen erneut versagt hatte.

Und mittlerweile empfindet er es eventuell als zu spät, um nach Hause zu kommen, denkt, er hätte seine Chance auf die Anerkennung seiner Mutter endgültig verspielt.

Doch Frau Morth glaubt, dass ihr Sohn irgendwo im Ausland arbeitet, erfolgreich ist, wahrscheinlich schon längst sein Glück in der Liebe gefunden und eventuell auch bereits Kinder hat. Und vielleicht ist es ja auch genau so!

John – Frühling in Wien

John sitzt beim Frühstück im Speisesaal der modern ausgestatteten und daher auch recht kostspieligen Seniorenresidenz, in der er sich vor einigen Jahren einquartiert hat. Neben ihm liegt ein Brief – seine Tochter, die in den USA lebt, hat geschrieben. Susanne vom Empfang hat ihm das Schreiben freudestrahlend vor fünf Minuten mit den Worten »Post, Mister Baker, aus Amerika, von Ihrer Tochter« überreicht. Susanne, eine attraktive Frau Mitte dreißig, nennt ihn immer »Mister« und John findet das spaßig. Er blickt aus dem geöffneten Fenster, es ist ein herrlicher Tag: Die Vögel singen inbrünstig ihre Lieder und der Duft von Flieder weht zu ihm an den Tisch.

Er schließt die Augen und denkt an den Frühling in Wien und an Margit – an ihr fröhliches Lachen, an ihre weichen Lippen und an ihre Versprechungen. Doch dann war alles anders gekommen. Margit hatte ihn vor 27 Jahren verlassen, danach haben sie sich vor drei Jahren wiedergefunden, und jetzt hat sie ihn vor zwei Monaten noch einmal verlassen – dieses Mal endgültig. Ihre schwere Krankheit wollte ihr keine Chance auf ein langes Leben lassen.

John trinkt seinen Kaffee aus, führt Small Talk mit Herrn G., den er mit typischen Männer-Witzeleien würzt, beschwichtigt danach Frau S., eine bereits am frühen Morgen überschminkte Witwe, die meint, dass jeder Tag ihr letzter wäre, und geht dann auf sein Zimmer, um seine letzten Vorbereitungen zu treffen. »Es ist Zeit«, denkt er, während er bedächtig den Stadtplan von Wien zusammenfaltet und ihn sorgfältig in seiner Tasche verstaut.

Vor mir lagen ein Foto und eine detaillierte Personenbeschreibung des 70-jährigen John Baker, der Mitte Mai 1990 sein Zuhause, eine Seniorenresidenz nahe Bern in der Schweiz, verlassen und sich auf eine Reise nach Österreich gemacht hatte. Seitdem galt er als verschwunden. Der gebürtige Engländer war etwa 1,80 Meter groß, schlank, hatte grüne Augen, eine Glatze und machte einen gut gepflegten Eindruck. Er war nicht, wie besprochen, rechtzeitig zur Geburtstagsfeier des Heimdirektors zurückgekehrt und hatte sich tagelang nicht mehr telefonisch bei Susanne W. gemeldet. Das Zimmer in seiner Unterkunft am Gürtel stand schon einige Zeit lang leer, wurde aber offensichtlich noch bewohnt – in den Kästen fanden sich zahlreiche Kleidungsstücke des Pensionisten, im Bad lag sein Rasierapparat. Auch seine Papiere lagen in einer Schublade.

Nach einigen Recherchen in der Seniorenunterkunft erfuhr ich, dass der stets sehr freundliche und überaus charmante Mann das Heim ohne genauere Erklärung und Angaben zu seinem Reiseziel verlassen hatte. Eine Pflegerin, die der 70-Jährige besonders gerne mochte, erzählte mir allerdings von einer kryptischen Aussage, die der Pensionist getätigt hatte: »Zwei Tage bevor sich John aus dem Staub machte, hat er beim Frühstück gesagt: ›Ich muss noch einmal den Frühling erleben, und das kann ich nicht alleine tun. Erst dann kann ich folgen, erst dann!‹ Ich dachte damals, John wäre an diesem Morgen ein wenig verwirrt, und habe geantwortet: ›Sie sind kerngesund, John, Sie werden noch oft den Frühling erleben.‹ Daraufhin hat er gelächelt, zu Ende gefrühstückt, ein wenig mit anderen Bewohnern der Seniorenresidenz herumgescherzt und ist dann auf sein Zimmer gegangen, um, wie er sagte, fernzusehen. Zu diesem Zeitpunkt muss er seine Reise bereits bis ins kleinste Detail geplant haben. Der Susanne von der Rezeption hat er nur gesagt, er wolle nach Österreich«, meinte die junge Frau ratlos und fuhr dann fort: »Leider gibt es keine lebenden Verwandten mehr von ihm in der Schweiz. Seine Tochter lebt in den USA, hat ihn aber nur etwa alle fünf Jahre besucht. Ich finde das sehr traurig, aber John ist sehr verständnisvoll und sagt immer, das müsse so sein, dass sich die Kinder um ihr eigenes Leben kümmern, und nicht um die Alten.«

Doch was steckte nun hinter Johns Reise nach Wien? Und wo war der Senior abgeblieben? Hatte man den alten, wohlhabenden Mann in einen Hinterhalt gelockt, ausgeraubt und ermordet? Dieses Szenario schien mir am wahrscheinlichsten, woraufhin mich die Vorstellung, dass diesem netten Schweizer in einem seiner letzten Urlaube, ja vielleicht sogar auf der allerletzten Reise seines Lebens, so etwas Grausames zugestoßen sein könnte, nicht mehr losließ.

Ich begann in alle Richtungen zu ermitteln, weiteren Spuren und Hinweisen nachzugehen, telefonierte mit seiner Tochter in den USA, die sich bereit erklärte, nach Österreich zu kommen, fuhr sogar in die Schweiz und sprach persönlich mit allen Bewohnern und Angestellten der feudalen Seniorenresidenz, in der John Baker ein wunderschönes 2-Zimmer-Appartement bewohnt hatte. Doch herausgefunden habe ich nichts, was ich nicht schon davor wusste. Das Verschwinden des Engländers in Wien blieb ein Rätsel, das ich nicht zu lösen vermochte. Diese Abgängigkeit schien sich zu einem dieser Fälle zu entwickeln, in denen man die Zeit für sich arbeiten lassen muss.

Und so war es dann auch: Erinnern Sie sich noch an den Toten, der Mitte Juni 1990 in Wien Donaustadt am rechten Donauufer nahe der Sternspornbrücke erschossen aufgefunden worden war (siehe S. 81, 89)? Bei dieser Leiche handelte es sich, wie wir nach Auffindung derselben rasch feststellen konnten, um den Körper von John Baker.

Laut Polizeibericht ergaben die Untersuchung der Waffe, die interessanterweise nicht registriert war, und die Analyse des Schusskanals im Schädel des Toten in Kombination mit der »Schusshand« – die Hand, an der üblicherweise die Schmauchspuren gefunden werden –, dass in diesem Fall Fremdverschulden eindeutig ausgeschlossen werden konnte. Der Leichnam war bei seiner Auffindung mit einem grauen Sakko und einer gleichfarbigen Hose, einem weißen Hemd, einer dunkelblauen Krawatte, schwarzen Socken, schwarzen, eleganten Halbschuhen sowie einem hellbeigefarbenen Mantel bekleidet. Der 70-Jährige hatte nichts bei sich, keine Ausweise und auch keine Geldbörse – nichts außer einem Stadtplan von Wien.

Aber warum hatte sich John Baker ausgerechnet während seines Aufenthalts in der österreichischen Bundeshauptstadt umgebracht? Warum überhaupt?

Einen Grund für den Selbstmord des Pensionisten erfuhr ich dann zwei Tage später von seiner Tochter: John Baker wählte den Freitod vermutlich deshalb, weil er seine einzige große Liebe verloren hatte. Margit L., mit welcher der 70-Jährige allerdings nie zusammengelebt hatte, war vorerst in der Schweiz als vermisst gemeldet und einige Zeit später nach einem Selbstmord tot aufgefunden worden. Die Frau hatte an starken Depressionen gelitten.

Als der alte Herr dachte, er hätte vielleicht nicht mehr viel Zeit, wollte er unbedingt noch einmal nach Wien reisen, weil er hier Margit L. vor vielen, vielen Jahren kennengelernt und an einem sonnigen Frühlingstag unter der Sternspornbrücke zum ersten Mal geküsst hatte. Damit John diese bestimmte Stelle auch tatsächlich wiederfinden würde, trug er wohl den Stadtplan bei sich!

Ich muss gestehen, dass mich selten eine Geschichte so sehr berührt hat wie diese.

Johannes – Der verlorene Sohn

Johannes sitzt in seinem Büro und hält den Telefonhörer vom Ohr weg, sodass er die Stimme seiner Mutter nur noch von der Ferne hört: »Bub, isst du eh genug? Du schaust gar nicht gut aus, finde ich. Such dir doch endlich eine Frau, aber eine, die auch gut kochen kann und die auf dich schaut. Ich werde auch nicht ewig leben … Und ich will auch noch Großmutter werden. Schatz, ich mach mir Sorgen um dich! Du hörst dich verschnupft an, bist du krank? Komm doch am Sonntag zu mir, ich mach dir einen Schweinsbraten. Den magst du doch so gern.«

Johannes' Blick fällt auf seine attraktive Kollegin Amanda, die in der Tür steht und ihn amüsiert beobachtet. Er seufzt und versucht freundlich zu bleiben, als er seiner Mutter antwortet: »Mama, ich komm schon zurecht. Ich hab viel zu tun und kann am Sonntag nicht bei dir vorbeischauen. Frag mich das bitte nicht immer wieder. Jaja, ich ruf dich nächste Woche an. Nein, ich bin nicht verkühlt, es geht mir gut. Du, ich muss jetzt in eine Sitzung. Tschüss Mama, tschüss.«

Johannes packt seine Sachen zusammen und grinst Amanda dabei verlegen an. »Mütter!«, gibt er dann vage von sich und zuckt mit den Schultern. »Machst du schon Feierabend? Ich dachte, du musst in die Chefetage?«, fragt die attraktive Brünette erstaunt.

»Das mit der Sitzung war nur eine Ausrede. Aber ich hab noch einen Kundentermin außerhalb, dort fahre ich jetzt hin«, erklärt Johannes, verabschiedet sich von seiner Kollegin und verlässt die Firma.

An dem Tag, an dem Hildegard Zottl dieses Telefonat mit ihrem Sohn geführt hatte, verschwand der junge Mann nicht nur vor Ende des Büroschlusses von seinem Arbeitsplatz, sondern auch aus ihrem Leben. Die bieder aussehende Hausfrau betrat mein Büro an einem grauen, regnerischen Dienstagvormittag im September 1994. Sie war etwa sechzig Jahre alt, klein und mollig, sehr schlicht gekleidet und hatte ihr graubraunes Haar korrekt und etwas streng hochgesteckt. Dennoch wirkte die Frau recht gemütlich und auf alle Fälle sehr mütterlich.

Ein wenig scheu nahm sie Platz und erzählte mir dann zögerlich, dass sie seit etwa zwei Monaten keinen Kontakt mehr zu ihrem Jungen hatte. Ihr Mann war bereits verstorben, sie lebte alleine, stand aber in gutem Kontakt mit ihrem 30-jährigen, ledigen Sohn. Als ich Frau Zottl fragte, wo der junge Mann wohne, antwortete sie zu meiner Verwunderung, dass sie das nicht so genau wüsste – die beiden hätten ausschließlich telefonischen Kontakt gehabt, Johannes Zottl hatte regelmäßig angerufen – das letzte Mal vor drei Monaten, dann war die Verbindung plötzlich ohne ersichtlichen Grund abgerissen. Ich bat die Frau um die Telefonnummer ihres Sohnes, doch sie erklärte mir, dass das nicht möglich wäre, da sie gar keine aktuelle Nummer von Johannes besitzen würde – er hatte das nicht gewollt, wie sie meinte, und immer selbst angerufen. Über seinen Job, nach dem ich mich als Nächstes erkundigte, durfte er angeblich nichts erzählen – streng geheim. Freunde von ihrem Sohn kannte sie auch keine. Zu Besuch war Johannes zuletzt ein Jahr vor dem Kontaktabbruch gewesen: »Da habe ich ihm gleich wieder die Leviten gelesen und ihm eingetrichtert, er solle sich endlich mal eine Frau suchen. Sie hätten ihn sehen sollen, zaundürr war er, hat wahrscheinlich nichts gegessen. Na ja, woher auch? Wenn keiner daheim ist und kocht? Und seine Kleidung sah auch schlampig aus. Ach, ich weiß nicht, was mit dem Jungen nicht stimmt! Und jetzt ist er auch noch verschwunden!«

Ich beschloss, die Abgängigkeitsanzeige aufzunehmen und eine Suche nach Johannes Zottl einzuleiten – er war damit österreichweit zur Fahndung ausgeschrieben. An ein Verbrechen wollte ich vorerst nicht wirklich denken, obwohl man dies nie von vornherein ausschließen durfte. Ein Unfall oder Selbstmord waren möglich, aber nicht sehr wahrscheinlich.

Einen Suchansatz in diesem Fall zu finden war schwer, denn ich hatte außer seiner Mutter einfach niemanden, den ich nach dem jungen Mann fragen, und keinen Ort, an dem ich gezielt zu fahnden beginnen konnte. Meine einzige Hoffnung war die Antwort vom Hauptverband der Sozialversicherungsträger. Vielleicht war es möglich, einen Arbeitgeber oder wenigstens einen ehemaligen Arbeitgeber von Herrn Zottl ausfindig zu machen. Dann würden wir möglicherweise auf weitere Spuren stoßen.

Einige Tage später erhielt ich einen Anruf von Hildegard Zottl, die mir aufgeregt mitteilte, sie hätte an ihre Adresse einen Brief von einem unbekannten Absender erhalten, der an ihren Sohn adressiert und in Wien, am Postamt Althanstraße, aufgegeben worden war. Die Frau wunderte sich, weshalb dieser Absender ihre Adresse kannte, auch war sie über den Inhalt des Schreibens erstaunt: Es handelte sich dabei um eine Vielzahl von mysteriösen Zahlenkombinationen, ohne jegliche Art von Vermerk oder Hinweis auf den Grund der Zusendung oder zur Bedeutung der Symbole.

Ich bat Frau Z., sie möge den Brief nicht unnötig berühren, diesen in ein Plastiksäckchen stecken und bei mir vorbeibringen. Wahrscheinlich waren Fingerabdrücke darauf zu finden. Vielleicht hatten wir Glück und würden sie in der Datei des Erkennungsdienstes wiederfinden.

Und tatsächlich brachte mir die Mutter des Abgängigen noch am selben Tag den dubiosen Brief im Büro vorbei – es handelte sich wirklich um eine vollgeschriebene Seite mit Zahlenkombinationen, die für mich keinen Sinn ergaben; sonst stand nichts auf dem Papier. Ich übermittelte das Schreiben unseren Kollegen vom Erkennungsdienst und bat um eine Untersuchung auf Fingerabdrücke. Von Frau Zottl wurden ebenfalls Fingerabdrücke genommen, da sie das Blatt ja auch angefasst hatte.

Schon am nächsten Tag stand Hildegard Zottl erneut vor mir und hielt mir einen Plastiksack entgegen, in dem sich ein Paket befand. »Das habe ich heute bekommen. Es war dieses Mal direkt an mich adressiert. Und der Absender ist mein Sohn. Er hat das Packerl in Deutschland abgeschickt«, verkündete sie düster. Ich wunderte mich über die finstere Miene der Frau, insgesamt sah die 60-Jährige dieses Mal wesentlich verhärmter aus als bei ihrem letzten Besuch – die Abgängigkeit ihres Sohnes schien ihr mehr und mehr zuzusetzen.

Ich meinte, diese Postsendung sei doch ein erfreulicher Fortschritt, da wir nun die Adresse des Sohnes hätten. Doch Frau Zottl sah das anders: »Ich glaube nicht, dass es wirklich Johannes war, der mir dieses Paket geschickt hat!«, sagte sie und tippte auf den Aufkleber. Irritiert schaute ich auf die Wiener Adresse, konnte aber nichts Außergewöhnliches entdecken. »Sehen Sie sich doch bitte meinen Namen an!«, forderte mich Frau Zottl ungeduldig auf, »der wurde falsch geschrieben. Wir heißen nicht Zottel, sondern Zottl. Die Person, die dieses Päckchen an mich gesandt hat, kann keinesfalls mein Sohn gewesen sein. Der wird doch wohl noch wissen, wie er seinen eigenen Namen schreibt! Außerdem wohnt und arbeitet Johannes doch gar nicht in Deutschland, sondern in Wien. Und mit dem Inhalt des Päckchens weiß ich mir auch nichts anzufangen. Es handelt sich um Videokassetten. Und auf den Filmen sind nur Landschaftsaufnahmen und Eisenbahnen zu sehen.«

Das Verschwinden dieses jungen Mannes wurde immer merkwürdiger. Ich vermutete außerdem, dass es sich bei dem Absender um eine Scheinadresse handelte.

Nach der Verabschiedung von Frau Zottl folgte ich abermals meiner einzigen Spur und erfuhr vom Hauptverband der Sozialversicherungsträger, dass der Abgängige bei keinem Arbeitgeber gemeldet war.

Nun wollte ich die Videokassetten selbst noch einmal überprüfen, vielleicht fand sich auf ihnen doch noch etwas anderes, als Johannes Zottls Mutter gesehen hatte. Bereits bei der Entnahme der Bänder aus dem Plastiksackerl entdeckte ich einen kleinen Zettel, der aus einer der Videohüllen ragte. Ich zog das Stück Papier heraus und fand darauf eine Telefonnummer, und danebenstehend den Namen eines großen IT-Konzerns. Ich erinnerte mich an Frau Zottls Worte, ihr Sohn würde sich mit Computern und EDV beschäftigen. Ein wenig aufgeregt wählte ich besagte Nummer und war gespannt, wer am anderen Ende der Leitung abheben würde. Es läutete dreimal, bevor sich eine freundliche Frauenstimme meldete und zur Begrüßung den Namen des Konzerns nannte, der auf dem Stück Papier notiert war. Auf alles gefasst bat ich kurzerhand darum, Herrn Zottl sprechen zu dürfen – und wurde verbunden. Und kurz darauf meldete sich tatsächlich der Vermisste – Johannes Zottl, der mehr als überrascht war, als ich ihm mitteilte, dass ich aus dem Sicherheitsbüro Wien anrufen würde.

Ich erklärte dem Mann, dass sich seine Mutter große Sorgen um ihn machte und bereits eine Abgängigkeitsanzeige erstattet hatte.

Der verlorene Sohn seufzte tief und erklärte mir dann: »Meine Mutter ist krank! Sie ist davon besessen, dafür zu sorgen, dass es mir an nichts fehlt, seitdem ich bei ihr ausgezogen bin. Ständig hat sie mich angerufen – immer und überall! Es verging, als ich noch in Wien tätig war, keine Minute, in der sie mich nicht mit ihrer Sorge um mein Wohlergehen genervt hätte. Dauernd rief sie an, sogar im Büro während Sitzungen und Konferenzen, um nachzufragen, ob ich frisch gebügelte Hemden, genug zu essen und endlich die passende Frau gefunden hätte!«

»Ihre Mutter hat Sie angerufen? Ich habe sie befragt und sie meinte, sie hätte gar keine Telefonnummer von Ihnen!«, hakte ich erstaunt nach.

»Doch, sie hatte eine Telefonnummer! Aber als ich aus beruflichen Gründen die Stadt und das Büro in Wien verlassen musste und nach Deutschland ging, verschwieg ich ihr den Umzug und gab ihr auch keine neue Nummer. Ich sah das als die beste Chance an, vor meiner Mutter endlich mal Ruhe zu haben! Und im Übrigen: Sie vergisst sehr viel und verwechselt auch so manches! Aber ich hab mich regelmäßig bei ihr gemeldet, hatte nur in der letzten Zeit sehr viel Stress und den Kontakt zugegebenermaßen ein wenig schleifen lassen. Ich werde meine Mutter heute Abend anrufen!«

Ich war natürlich erleichtert, dass es dem angeblich »Vermissten« gut ging, musste aber unbedingt noch wissen, was es mit dem falsch geschriebenen Familiennamen und den Videos auf sich hatte. Und ich verlangte auch eine Erklärung für die mysteriösen Zahlenkombinationen. Zu den Naturaufnahmen sagte Johannes Zottl: »Diese Sache ist unter ganz komischen Umständen entstanden. Ich habe mich wieder einmal über den riesigen Berg von Videokassetten geärgert, den ich von Wien mitgenommen hatte, der mir in der kleinen Wohnung hier aber sehr viel

Platz wegnahm – es handelte sich dabei um ein paar alte private Filme, die ich hier in Deutschland nicht benötige, aber auch nicht wegwerfen wollte. Daher beschloss ich, den ganzen Kram einfach an meine Mutter zu schicken – mit einem Begleitbrief und der Bitte, die Sachen einstweilen für mich aufzuheben. Leider habe ich schlussendlich vergessen, den Brief beizulegen. Aber ich dachte, meine Mutter wüsste auch ohne Erklärung, dass sie die Filme nicht wegschmeißen sollte. Und mein Name wurde deshalb falsch geschrieben, weil ich die Kassetten von zu Hause mit ins Büro genommen habe und erst hier verpacken ließ. Eine unserer Aushilfskräfte hat den Namen meiner Mutter falsch notiert und daher dann auch falsch auf das Päckchen übertragen.«

Eine Erklärung für die Zahlencodes, die an ihn adressiert waren, hatte Johannes Zottl allerdings nicht. Dieses Rätsel wird offensichtlich ungelöst bleiben.

Da ich mir aber nun auch noch sicher sein musste, dass ich auch tatsächlich mit Herrn Zottl am Telefon sprach, bat ich ihn, rasch zur nächsten Polizeidienststelle zu gehen und sich dort zu legitimieren. Nur so war sichergestellt, dass ich auch wirklich den vermeintlich Abgängigen am Apparat gehabt hatte. Erst dann konnte ich die Fahndung nach ihm einstellen.

Als ich Frau Zottl die Fakten mitteilte, selbstverständlich ohne ihr zu sagen, wo sich Johannes nun wirklich befand – da es sich bei Herrn Zottl um eine volljährige Person handelte, durfte ich seinen tatsächlichen Aufenthalt nur nach dessen ausdrücklicher Einwilligung weitergeben, und die erteilte er aufgrund der vorliegenden Umstände nicht –, weigerte sich diese schlichtweg, die Realität zur Kenntnis zu nehmen!

Eine Woche später, als ihr Sohn sie wieder angerufen hatte, kam Hildegard Zottl ein letztes Mal zu mir ins Büro und berichtete mir von dem Telefonat. »Er lebt und es geht ihm gut. Sagt er zumindest. Aber ich wette, er ist noch immer so dünn und hat keine Frau.« Nach ihrer Schilderung fragte sie mich traurig, was sie falsch gemacht hätte, wandte sich ab und ging zurück in ihr tristes Leben im Wiener Sozialbau.

Flug 004 – Ein Grab im Dschungel

Nachdem die Warnzeichen erloschen sind, kehrt wieder Ruhe in die Maschine ein, die sich auf dem Weg nach Wien befindet, ein vielfaches mechanisches Klacken signalisiert, dass die kritische Phase des Starts überwunden ist und viele der Fluggäste ihre Sicherheitsgurte öffnen. Einige suchen die Bordtoilette auf, andere wiederum kramen in den Ablagefächern, die sich über ihren Köpfen befinden, nach ihrem Handgepäck. Die Stewardessen machen sich daran, kleine Imbisse vorzubereiten, obwohl ihnen die Erfahrung sagt, dass den 213 Passagieren um diese Uhrzeit vermutlich eher nach Schlafen ist als nach Essen und Trinken. In einer der hinteren Reihen weint ein Kind und einem Burschen irgendwo in der Mitte ist übel geworden, er übergibt sich lautstark in eines der Papiersackerl, die in den Netzen auf den Rückseiten der Sitze klemmen. Der junge Mann neben ihm klopft seinem Freund schadenfroh grinsend auf den Rücken.

Es ist 23 Uhr 20, als die Boeing 767 in den Nachthimmel über Thailand steigt.

Während im Linienflug der Lauda Air alles seinen gewohnten Gang geht, blinkt im Cockpit plötzlich eine Warnleuchte auf, die dem Kapitän der »Mozart« den Hinweis »REV ISLN« liefert.

Pilot und Co-Pilot verfügen gemeinsam über beinahe zwanzigtausend Flugstunden, müssen aber dennoch im Handbuch nachsehen, um die Lage richtig einschätzen zu können. Sie entscheiden, das Signal zu ignorieren, wie es ihnen in der Anleitung geraten wird.

Doch das Handbuch irrt! Eine Viertelstunde nachdem das Flugzeug gestartet ist, setzt am linken Triebwerk die Schubumkehr ein, die sich ungeplant selbst aktiviert hat. Um 23 Uhr 27 neigt sich die Schnauze der Maschine nach unten, ein Sturzflug aus siebeneinhalb Kilometern Höhe beginnt. Niemand von den insgesamt 223 Menschen an Bord der Boeing 767 wird das Unglück überleben.

Original-Abschrift der Aufnahmen des Stimmenrekorders im Cockpit der Lauda-Maschine 004, die am 26. Mai 1991 um 23 Uhr 15 Uhr auf dem Weg nach Wien in Phu Khao Kao Chan (Thailand) startete:

23.21:21		[Warning light indicated]
23.21:21	FO:	Shit.
23.21:24	CA:	That keeps, that's come on.
23.22:28	FO:	So we passed transition altitude one-zero-one-three.
23.22:30	CA:	OK.
23.23:57	CA:	What's it say in there about that, just ah ...
23.24:00	FO:	(reading from quick reference handbook) Additional system failures may cause in-flight deployment. Expect normal reverse operation after landing.
23.24:11	CA:	OK.
23.24:12	CA:	Just, ah, let's see.
23.24:36	CA:	OK.
23.25:19	FO:	Shall I ask the ground staff?
23.25:22	CA:	What's that?
23.25:23	FO:	Shall I ask the technical men?

23.25:26	CA:	Ah, you can tell 'em it, just it's, it's, it's, just ah, no, ah, it's probably ah wa... ah moisture or something 'cause it's not just, oh, it's coming on and off.
23.25:39	FO:	Yeah.
23.25:40	CA:	But, ah, you know it's a ... it doesn't really, it's just an advisory thing, I don't ah ...
23.25:55	CA:	Could be some moisture in there or somethin'.
23.26:03	FO:	Think you need a little bit of rudder trim to the left.
23.26:06	CA:	What's that?
23.26:08	FO:	You need a little bit of rudder trim to the left.
23.26:10	CA:	OK.
23.26:12	CA:	OK.
23.26:50	FO:	(starts adding up figures in German)
23.30:09	FO:	(stops adding figures)
23.30:37	FO:	Ah, reverser's deployed.
23.30:39		[sound of snap]
23.30:41	CA:	Jesus Christ!
23.30:44		[sound of four caution tones]
23.30:47		[sound of siren warning starts]
23.30:48		[sound of siren warning stops]
23.30:52		[sound of siren warning starts and continues until the recording ends]
23.30:53	CA:	Here, wait a minute!
23.30:58	CA:	Damn it!
23.31:05		[sound of bang]

Noch bevor ich an diesem Morgen im Mai 1991 mein Büro betrat, hörte ich das schrille Läuten des Telefons auf meinem Tisch. Ich eilte zum Apparat und nahm den Hörer ab. »Guten Morgen, Christian«, meldete sich mein damaliger Chef, Hofrat Magister Maximilian Edelbacher am anderen Ende der Leitung.

Edelbacher, heute selbst erfolgreicher Buchautor und eine der großen Lichtgestalten in der langen Geschichte der Wiener Polizei, verkündete schlechte Nachrichten.

»In Thailand ist eine Maschine der Lauda Air abgestürzt, es gibt keine Überlebenden. Komm bitte zu mir herüber.« Obwohl mir Edelbacher nicht mehr als diese zwei Sätze mitteilte, war mir sofort klar, dass in den nächsten Tagen eine Menge Arbeit auf mich und das gesamte Abgängigenreferat zukommen würde.

»Guten Morgen, Herr Vorstand!«, grüßte ich beim Eintreten in Edelbachers Büro und schüttelte dabei betroffen den Kopf als Reaktion auf die furchtbaren Neuigkeiten.

Mein Chef war wie immer bestens vorbereitet und hatte bereits eine Liste und die Bilder der Todesopfer für mich parat.

»Die überwiegende Anzahl der Fluggäste stammt aus Wien. Du weißt, was das heißt?«, fragte er mich nüchtern. Ich musste darauf nicht groß antworten. Edelbachers Aussage bedeutete, dass die Identifizierungen der Katastrophenopfer in den meisten Fällen über meinen Schreibtisch gehen würden. Nachdem wir die weitere Vorgehensweise besprochen und Koordinierungsmaßnahmen mit Interpol als den nächsten wichtigen Schritt festgelegt hatten, machte ich mich an die Arbeit. Am Weg zurück in mein Büro war ich mit meinen Gedanken bereits in Thailand, irgendwo im Busch, wo sich das größte Unglück in der Geschichte der österreichischen Luftfahrt ereignet hatte.

Über Interpol Wien wurden in den kommenden Wochen sämtliche Identifizierungsmaßnahmen in den Bundesländern gesteuert und überwacht. Der speziell für solche Ereignisse entworfene Notfallkatalog war in diesen Tagen mein treuer Begleiter – die Beantwortung der darin enthaltenen Fragen zu den Personen, angefangen beim Aussehen und einer exakten Personenbeschreibung, durchdrang die intimsten Bereiche der Betroffenen: Wir mussten etwa das Vorhandensein von Narben, Tätowierungen und Muttermalen feststellen und sogar die Schambehaarung der Betreffenden genau beschreiben. Ein Unterfangen, bei dem die Auskünfte zur Kontrolle der Daten bei den Angehörigen und Freunden der Toten zu holen waren.

Ab dem Zeitpunkt, an dem die Identifizierungsmaßnahmen begannen, gaben sich die mit diesen Aufgaben betrauten Kriminalbeamten die Klinke unserer Bürotür in die Hand – im wahrsten Sinne des Wortes. Unser kleines Zimmer wurde zur Anlaufstelle und Schaltzentrale für jede Tätigkeit, die mit dem Absturz zu tun hatte.

So war es beispielsweise erforderlich, die Krankengeschichten der Toten einzuholen. Zentrale Datenbanken hierfür existierten damals wie heute nicht, die Recherchen, wo welches der Opfer in ärztlicher Behandlung gewesen war und in welchen Krankenhäusern es noch Befunde oder Röntgenbilder der Betroffenen gab, gestalteten sich äußerst langwierig. Und jede Information landete auf meinem Schreibtisch, bevor sie nach entsprechender Aufbereitung an Interpol Wien weitergeleitet werden konnte.

Einen wesentlichen Beitrag zur Identifizierung der Opfer leistete ein extra für diese Sache abgestelltes Team des damaligen Büros für Erkennungsdienst, Kriminaltechnik und Fahndung (kurz EKF), das in Wien unterwegs war, um Fingerabdrücke in den jeweiligen vier Wänden der Opfer zu sichern, damit man diese mit denen der in Thailand geborgenen Fluggäste vergleichen konnte. Und nicht nur das – Zahn- und Haarbürsten,

Trinkgläser und allerhand weitere Gegenstände des täglichen Bedarfs wurden aus den Wohnungen mitgenommen, um darauf die DNA der Opfer sichern zu können.

Neben all diesen Maßnahmen halfen auch die Angehörigen der Opfer in einer Weise bei der Identifizierung mit, wie ich es nicht für möglich gehalten hätte.

Besonders eine Begegnung ist mir bis heute in Erinnerung geblieben:

Eines Tages erschien eine klein gewachsene, dunkelhaarige Frau in meinem Büro, eine Philippinin, die ihr Kind an der Hand führte. Beide, Mutter und Tochter – das Mädchen war in etwa fünf Jahre alt –, betrachteten mich schüchtern, als sie sich meinem Schreibtisch näherten. Ohne viele Worte zu sprechen, öffnete die Frau ihre Handtasche und entnahm dieser die vollständige Nachbildung eines menschlichen Gebisses. »Das sind die Zähne meines Mannes. Er war auch in der Maschine«, war alles, was sie herausbrachte. Nach einem kurzen Vergleich mit der Liste der Toten bestätigten sich die Angaben der Frau. Genauso still, wie sie gekommen waren, verließen die beiden wieder mein Büro. Die Identifizierung ihres Mannes anhand eines Zahnvergleichs wurde der Frau wenige Wochen später mitgeteilt.

In Wien wurde, wie in allen anderen Bundesländern auch, täglich hektisch an der Identifizierung der Opfer gearbeitet, weil wir eines wussten: Die Zeit war unser größter Feind! In Thailand taten die Behörden alles, was in ihrer Macht stand. Die übermittelten Daten aus Österreich wurden mit den dort vorhandenen abgeglichen, Beschreibungen der Personen, Zähne und Kiefer – sofern noch vorhanden – mit den in unserem Land eingeholten Unterlagen und Informationen verglichen und dann in den Trümmern nach Gegenständen gesucht, die das eine oder andere Opfer nach dem Stand der Ermittlungen bei sich haben sollte.

Und dann ließ mich eines Tages eine lapidare Meldung aus dem Katastrophengebiet hellhörig werden. »Die Thais werden in Kürze damit beginnen, alle Opfer, von denen sie glauben, dass sie Thailänder sind, zu verbrennen. Durch die große Hitze schreitet die Verwesung bei den Toten schnell voran, die haben hier große Angst vor Seuchen!«, teilte mir ein Mitarbeiter von Interpol am Telefon mit und ließ gleich darauf eine weitere Bombe platzen: »Wir haben hier noch einen Toten, von dem wir glauben, dass er Österreicher ist. Wir benötigen umgehend passende Unterlagen, sonst werfen ihn die Thais ins Feuer. Sie glauben nämlich, er sei einer von ihnen. Aufgrund der großflächigen Verletzungen kann man die Herkunft des Opfers nicht genau erkennen.«

Nachdem wir die Personaldaten des angeblichen Thailänders erhalten hatten, gelang es mir nach umfangreichen Erhebungen tatsächlich, einen Bezug zu Österreich herzustellen. Ich konnte am Ende sogar die Zahnärztin des Mannes in Wien ausfindig machen, die sofort die erforderlichen Unterlagen bereitstellte. Ein Streifenwagen brachte diese in einer rasanten Blaulichtfahrt zum Flughafen, wo die nächste Maschine sie nach Thailand mitnahm. Die Experten dort glichen das Zahnschema mit dem Gebiss des Toten ab und erzielten eine Übereinstimmung. Dank des mustergültigen Zusammenspiels vieler verschiedener Stellen wurde verhindert, dass ein Akt bei uns nicht geschlossen werden konnte und eine Ehegattin, eine Mutter oder ein Vater bis an ihr Lebensende über das Schicksal ihres Angehörigen in Unklarheit blieben. Hätte die Kooperation nicht funktioniert, würde diese Person vielleicht heute noch offiziell als abgängig gelten oder wäre ohne letztendliche Gewissheit für tot erklärt worden.

Einige Zeit nach diesem tragischen Ereignis erhielten wir die sogenannten Effekten der Verstorbenen, das heißt, man übergab uns die persönlichen Gegenstände der Toten, die am Absturzort noch gefunden werden konnten. Und obwohl wir all diese Sachen nur kurz in unserem kleinen Büro lagerten, dauerte es sehr lange, bis sich der Geruch nach Verwesung und Tod wieder aus dem Zimmer verflüchtigte.

Sylvia – Eine errechnete Abgängigkeitserklärung

Die 18-Jährige sitzt zwischen ihren Eltern vor dem Zelt und nimmt einen Schluck von ihrer mittlerweile lauwarm gewordenen Bowle. Wie herrlich dieser Sommerabend ist, denkt sie, lässt ihre Gedanken schweifen und schaut sich dabei mehrmals um, fast so, als würde sie etwas oder jemanden suchen. Doch dann bleibt Sylvias Blick an Manfred hängen, der ihr gegenüber auf einer rot-weiß karierten Decke liegt und sie zärtlich anlächelt. Die junge Frau prostet ihrem Verlobten zu und konzentriert sich danach wieder auf das Gespräch, das ihr Vater Kurt gerade im Alleingang führt. Sie lauscht dem Monolog des fast 50-jährigen Familienoberhauptes und grinst, als sie bemerkt, dass ihre Mutter Elisabeth immer noch wie ein verliebter Teenager an den Lippen ihres Ehemannes hängt. Sie seufzt innerlich und fragt sich, ob sie selbst auch in der Lage wäre, so tief zu empfinden beziehungsweise nach so vielen Jahren Partnerschaft immer noch derart hingebungsvoll zu lieben wie ihre Mutter.

Ich habe noch gar nichts erlebt, denkt sie dann, vielleicht ist es wirklich noch zu früh, sich so fest zu binden.

»... deshalb sollten wir jetzt langsam ins Bett, besser gesagt in den Schlafsack gehen«, vernimmt Sylvia das Ende der Rede ihres Vaters. »Ich muss noch einmal auf die Toilette«, ruft sie und springt auf. Die junge Frau fährt in ihre roten Badesandalen und schnappt sich die rote Strickjacke, denn es hat in den letzten 15 Minuten doch merklich abgekühlt. »Ich auch, gehen wir zusammen«, schließt sich Kurt seiner Tochter an.

Gleich darauf marschieren die beiden die knapp zwanzig Meter zu den Sanitäranlagen des Campingplatzes. »Bis gleich«, ruft Sylvia fröhlich und winkt kurz, bevor sie in der WC-Kabine für Damen verschwindet.

Es war im Sommer 1970, als Kurt und Elisabeth Bauer samt ihrer 18-jährigen Tochter Sylvia zum 13. Mal ihren alljährlichen und längst zur Familientradition gewordenen Campingurlaub in Assenza di Brenzone am Gardasee antraten. In diesem Jahr war auch der Verlobte der jungen Frau, Manfred Schulze aus Deutschland, mit dabei, sowie dessen Eltern und jüngerer Bruder.

Nachdem das Ehepaar Bauer, dessen Tochter und deren Partner am 10. August ihre Zelte auf dem Campingplatz »Antonio« direkt am Ufer des Sees aufgeschlagen hatten, freuten sie sich auf 14 Tage voller Sonne, Spaß und Erholung. Die Schulzes hingegen waren, ohne Manfred, im nahe gelegenen Hotel »Pescatore« eingezogen.

Knapp eine Woche später, am 16. August, saß die Familie gemütlich am Abend zusammen, es wurde Fisch gegessen, danach Bowle getrunken und viel gelacht. Die Eltern von Manfred und der jüngere Sohn machten sich dann gegen 20 Uhr zurück auf den Weg in ihre Unterkunft.

Gegen 21 Uhr beschloss das lustige Grüppchen, schlafen zu gehen. Sylvia zog eine rote Strickjacke über ihren grünen Badeanzug und verkündete, dass sie noch zur Toilette müsste. Kurt Bauer schloss sich an und begleitete seine Tochter die zwanzig Meter über den hell erleuchteten Platz zu den Sanitäranlagen. Kurze Zeit später betrat der Familienvater das Herren-WC, während die junge Frau im Damen-WC verschwand, und marschierte, als er fertig war, alleine zurück zum Zelt. Auf dem Weg dorthin begegnete ihm Manfred. Nachdem die Männer ein paar

Worte miteinander gewechselt hatten, gingen sie zusammen zu der Toiletten-Anlage, um Sylvia von dort abzuholen – sie wollten das Mädchen nämlich fragen, ob es mit einem Ausflug am nächsten Tag einverstanden wäre.

Doch auf dem Damen-WC brannte kein Licht mehr, und als Kurt und Manfred in den Räumlichkeiten der Anlage nachsahen, fanden sie diese leer vor. Die beiden Männer begannen gemeinsam mit Elisabeth sofort damit, sich auf dem gesamten Campingplatzbereich umzusehen, ebenso auf der hell erleuchteten Straße, die man überqueren musste, um zum See zu gelangen. Zuletzt suchte das Trio auch den gesamten Uferrand ab, rief nach Sylvia, fragte die anderen Camper, ob sie etwas gesehen hätten – ohne Erfolg, die junge Frau blieb verschwunden.

Eine sofortige Meldung bei der Polizei in Malcesine hatte zur Folge, dass eine Suchaktion eingeleitet wurde, bei der die BeamtInnen auch die dreihundert Meter vor dem Campingplatz liegende Insel Trimelone in Augenschein nahmen. Am nächsten Morgen suchten Taucher dann auch den Gardasee in Ufernähe ab. Doch alle Bemühungen waren umsonst, die junge Frau blieb weiterhin vermisst.

Der einzige Hinweis fand sich in Form roter Badesandalen, die beim Ausgang des Campingplatzes auftauchten, solche, wie Sylvia sie zum Zeitpunkt ihres Verschwindens getragen hatte. Es konnte allerdings nicht zweifelsfrei geklärt werden, ob es sich bei den Schuhen tatsächlich um jene aus dem Besitz von Sylvia Bauer handelte, oder ob sie von einem bereits abgereisten Camper dort vergessen worden waren.

Die italienische Polizei machte den Eltern nach einiger Zeit keine Hoffnungen mehr – sie vermutete ein Verbrechen, die Tat eines Triebtäters, der die junge Frau wahrscheinlich nicht lebend wieder laufen lassen würde.

Zurück in Österreich erstattete das Ehepaar Bauer am 1. September 1970 in Wien eine Abgängigkeitsanzeige, ebenso wurden die Medien eingeschaltet. Der Kurier berichtete über den Fall Sylvia Bauer und stellte in dem Artikel die Behauptung auf, dass bereits von etlichen Campingplätzen nahe des Gardasees Mädchen und junge Frauen verschwunden waren. Diese Feststellung haben die Behörden jedoch nicht bestätigt.

Einige Wochen später wurden Familie Bauer und Manfred Schulze mit dem »Toiletten-Test« konfrontiert – die italienischen BeamtInnen hatten aufgrund der vorliegenden Aussagen errechnet, wie lange einem möglichen Täter Zeit geblieben wäre, die junge Frau zu entführen: Kurt Bauer hätte rund eine halbe Minute auf dem WC verbracht und sich dann auf den Weg zurück zum Zelt gemacht. Nach wenigen Sekunden wäre er auf Manfred getroffen, mit dem er sich etwa eine halbe Minute unterhalten hätte, kurz danach wären die beiden dann bei den Sanitäranlagen angekommen. Die Ermittler aus Wien präsentierten folgendes Rechenergebnis: Zwischen dem Betreten der WC-Kabine von Sylvia und dem Zeitpunkt, zu dem der Vater wieder Sicht auf die Toiletten hatte, konnten also maximal achtzig Sekunden vergangen sein. Die Tochter hätte aber wesentlich länger dort verweilen müssen, da Frauen – das hatten Tests ergeben – schon alleine für das Hinunter- und wieder Hinaufziehen eines einteiligen Badeanzugs etwa siebzig Sekunden benötigen würden. Die Behörden gingen folglich also davon aus, dass Sylvia sofort nach dem Eintreten ihres Vaters in die WC-Kabine davongelaufen und freiwillig vom Campingplatz verschwunden sein musste. Von dieser Theorie wollte das Ehepaar Bauer verständlicherweise nichts hören und beharrte auf Fortführung der Ermittlungen.

Ende September fand die italienische Polizei in Sylvias Glas, aus der sie die Bowle getrunken hatte, Rückstände des Schlafmittels Adalin. Elisabeth Bauer räumte daraufhin ein, dass ihre Tochter hin und wieder depressiv gewesen wäre. Plötzlich gingen die Ermittler nicht mehr von einem Verbrechen oder einem freiwilligen Abtauchen aus, sondern von Selbstmord.

Doch davon wollte die Familie ebenfalls nichts wissen. Sylvia hätte sich, wenn überhaupt, auf gar keinen Fall im Urlaub, mehr oder weniger vor den Augen ihrer Lieben, getötet.

Wirklich mysteriös wurde der Fall Mitte Februar, als es plötzlich Hinweise auf einen Aufenthalt der jungen Frau in Afrika gab. Einerseits hätte laut Kurt Bauer ein Hellseher in Toronto, Kanada, von dem Fall gehört und behauptet, die junge Frau wäre in den Orient entführt und dort verkauft worden, andererseits hatte sich ein 28-jähriger Fernfahrer gemeldet, der wissen wollte, dass Sylvia in Abidjan an der Elfenbeinküste festgehalten würde. Dieser Spur ist die Polizei jedoch nie wirklich nachgegangen, weil sie die Aussage des Hellsehers als Unsinn abtat und sich der »normale« Zeuge auf zu wenige Fakten berufen konnte. Ein Treffen mit einem Mittelsmann in London, der weitere Informationen versprach, kam dann doch nicht zustande.

Doch bei den beiden Libanesen, die laut dem Fernfahrer in diesen angeblichen Mädchenhandel verwickelt waren, Rady A. und Georges H., handelte es sich um zwei bei der Polizei bereits im Jänner 1970 bekannte Tatverdächtige. Die Behörden vermuteten schon damals, dass die Männer Edelsteine, Gold und Suchtgift schmuggelten, darüber hinaus lag eine anonyme Anzeige wegen Mordes vor – Rady A. und Georges H. hatten angeblich am 27. August 1969 in Niederösterreich auf einem Autobahnparkplatz einen Komplizen erschossen. Weiters wurde die Beteiligung an Mädchenhandel vermutet. Bewiesen werden konnte den Libanesen jedoch nie etwas.

Am 2. März 1971 wollte plötzlich ein Untersuchungshäftling in Wien eine Aussage machen: Er gab an, aus zuverlässiger Quelle erfahren zu haben, dass die abgängige Sylvia Bauer im Urlaub am Gardasee einen Mann namens Georges H. kennengelernt hätte und mit ihm ins Ausland gegangen wäre. Freiwillig. Allerdings hätte der Libanese die junge Frau dann nach Afrika gebracht, rauschgiftabhängig gemacht und zur Prostitution gezwungen. Die Polizei fand jedoch rasch heraus, dass der Häftling mehrere Monate lang mit dem Fernfahrer, dem ursprünglichen Zeugen, im Grauen Haus in Wien, der Justizanstalt Josefstadt, in einer Zelle gesessen und die Information von ihm bezogen hatte, es sich daher um keine verwertbare Aussage handelte.

Später wurde dann auch offiziell bekannt und von den Behörden bestätigt, dass zur Zeit des Aufenthalts der Familie Bauer in Italien rund um den Gardasee innerhalb weniger Monate insgesamt neun Mädchen spurlos von Campingplätzen verschwunden waren. Diese Vorgänge deuteten dann doch auf gezielte Entführungen junger Frauen, vermutlich ins Ausland, hin. Oder auf einen Serienmörder, der seine Opfer gut zu verstecken wusste, denn diese tauchten nie wieder auf, weder tot noch lebendig. Auch die 18-jährige Sylvia ist nie mehr zu ihrer Familie heimgekehrt.

Die Ermittler in Wien gingen aufgrund der Hinweise im Fall Bauer zuletzt doch wieder von einem freiwilligen Verschwinden aus – wegen des Toiletten-Tests, der nicht auf eine Entführung schließen ließ.

Gestern und Heute – Ein Zwischenwort

Neun Jahre habe ich im Abgängigenreferat der Bundespolizeidirektion Wien verbracht. Neun Jahre, in denen alles dabei war, was man sich vorstellen kann. Spannende und abwechslungsreiche Stunden, Momente der Euphorie nach erfolgreich zu Ende gegangenen Fahndungen und Augenblicke der Trauer, wenn wieder einmal eine Geschichte ohne Happy End ausgegangen ist, aus Angehörigen Hinterbliebene wurden und es an der Polizei lag, den Menschen traurige Nachrichten zu überbringen. Am Ende dieser abwechslungsreichen Zeit ist eine der vielen Reformen gestanden, der sich mein Dienstgeber in regelmäßigen Abständen unterziehen muss. Notwendigerweise, wie ich sehr gut verstehen kann. Wehgetan hat mir der Abschied trotzdem, als mich damals die Nachricht erreichte, dass sich die Bundespolizeidirektion Wien kein Abgängigenreferat mehr leisten wolle und die vielfältigen Aufgaben, mit denen ich betraut gewesen war, aufgeteilt würden. Die Zeit ist nicht stehen geblieben und ich habe andere, genauso spannende Betätigungsfelder gefunden. Was mich in meinem Innersten aber immer noch beschäftigt, ist die Suche nach vermissten Menschen – einmal Fahnder, immer Fahnder! Aus diesem Grund verfolge ich auch die heutige Fahndungsarbeit mit großem Interesse. Einige der im vorliegenden Buch beschriebenen Fälle sind brandaktuell, auch wenn sie ihren Ausgang zum Teil schon vor Jahren hatten.

Aktuelle Fälle im Visier der Fahnder

Mit Stand 8. Oktober 2013 gibt es in Wien 63 offene Abgängigkeitsanzeigen, d. h. dass der Aufenthaltsort dieser von Jugendheimen, Freunden oder Verwandten als vermisst gemeldeten Personen bis dato nicht geklärt werden konnte (Liste am Ende des Kapitels).
Das ist für eine Weltstadt wenig, vergleicht man die Zahlen mit denen anderer, ähnlich großer Metropolen.
Dennoch ist jede einzelne verschwundene Person ein Stachel im Herzen zumindest einer weiteren, nämlich derjenigen, die sich verantwortlich für deren Leben, Schicksal oder auch Flucht fühlt – und da existiert immer jemand, der sich die Schuld gibt. Und es schmerzt jene, die den Abgängigen lieben und vermissen.
Es folgt ein besonders tragischer Fall, der nicht nur die Hinterbliebenen berührt.
Jeder aktuelle Fall bleibt immer sehr lange »heiß«, weil niemand schnell die Hoffnung auf ein glückliches Ende aufgibt, schon gar nicht die Angehörigen. Selbst erfahrene Fahnder glauben bis zum äußerst möglichen Zeitpunkt, dass die verschwundenen Personen doch noch auftauchen könnten.

Michael – Ein aussichtsloser Kampf gegen die Gewissheit

Ein Abend wie so viele zuvor. Michael will ausgehen. Er pfeift unter der Dusche seinen Lieblingssong und verbringt nach der ausgiebigen Körperwäsche viel Zeit vor dem Spiegel. Der 18-Jährige legt sehr viel Wert auf Pflege und gutes Aussehen. Er bürstet und kämmt sein Haar, bis es perfekt sitzt, und verleiht der Frisur mit Stylinggel den nötigen Halt. Dann untersucht der Junge sein Gesicht auf Pickel, findet aber keine, und cremt danach ausgiebig seine Haut ein. Jetzt noch die passende Kleidung, dann kann es losgehen.

Als Michael fertig ist und die für ihn so wichtige Schirmkappe – sein Markenzeichen – aufgesetzt hat, bittet er seinen Vater, ihn mit dem Auto in das weniger als zehn Kilometer entfernte Neusiedl zu bringen. Bevor er aussteigt, verabschiedet er sich von seinem Vater, wie er es an vielen Abenden zuvor auch immer getan hat. Der klopft dem 18-Jährigen auf den Rücken und wünscht ihm: »Viel Spaß!«

Der Junge verlässt das Fahrzeug, überquert die Straße und verschwindet an der nächsten Kreuzung. Der Vater blickt seinem Sohn nach, bis er ihn nicht mehr sieht. Dann steigt er aufs Gas und fährt davon. Er ahnt zu diesem Zeitpunkt noch nicht, dass etwas anders ist an diesem heißen Sommerabend. Es ist der 5. Juli 2013. Der Tag, an dem Walter Huber seinen Sohn Michael das letzte Mal lebend sieht.

Die Thematik der Abgängigenfahndung hat mich niemals wirklich losgelassen, obwohl Jahre vergangen sind, seitdem ich meinen Abschied vom Abgängigenreferat der damaligen Bundespolizeidirektion genommen habe. Der Virus, mit dem ich einst infiziert wurde, brach während der Arbeit an diesem Buch wieder vollends aus. Ich beobachtete die einschlägigen Berichte in den Medien besonders aufmerksam und stieß Anfang Juli auf einen Fall, wie es ihn zu meiner Zeit noch nicht gegeben hätte, waren doch Facebook, Twitter und Co. damals noch nicht erfunden. Eine Suche von privater Seite, wie sie im Fall des 18-jährigen Michael Huber gestartet wurde, wäre damals undenkbar gewesen. Und aus diesem Grund werde ich Ihnen auch diese Geschichte erzählen, selbst wenn ich beruflich – wenngleich auch emotional – nicht in diese Abgängigkeit involviert bin.

Das Protokoll zu Michael Hubers Verschwinden beginnt am Abend des 5. Juli 2013. Der 18-jährige Lehrling wurde von seinem Vater nach Neusiedl am See gebracht, weil er sich dort mit Freunden treffen wollte. Irgendwann an diesem Abend beschloss Michael, mit einem Bekannten nach Wien zu fahren. Der Grund dafür ist bis heute unbekannt. Fest steht aber, dass das Ziel der beiden jungen Männer ein Klub im 19. Wiener Gemeindebezirk war. Ob die Gerüchte stimmen, wonach es im Umfeld dieses Lokals eine etablierte Drogenszene gibt, ist unbekannt. Wie Walter Huber aber herausgefunden haben will, hatte der Begleiter seines Sohnes eine Vergangenheit in der Wiener Drogenszene. »Michael war mit Sicherheit nicht drogensüchtig. Davon hätten wir etwas mitbekommen. Mein Sohn ist mitten im Leben gestanden. Sowohl auf seinem Arbeitsplatz als auch in der Berufsschule ist er nur positiv aufgefallen. Ich habe allerdings die Befürchtung, dass in dem Lokal in Wien etwas Schreckliches geschehen sein muss«, erklärte Michaels Vater in einem Interview, ohne dabei Details zu nennen. Auch der junge Mann, der Michael an diesem Abend begleitet hatte, konnte zur Aufklärung des Verschwindens seines Freundes nichts beitragen. Seine Angaben, wonach Michael einfach aus dem Lokal verschwunden sei, Geldbörse, Mobiltelefon und Schirmkappe aber bei ihm zurückgelassen hätte, muteten zumindest seltsam an. Michaels Eltern erstatteten bald nach dem Verschwinden ihres Sohnes bei der Polizei eine Abgängigkeitsanzeige. Tage vergingen, ohne dass sich eine Spur in dem Fall ergab. Dann nahmen Michaels Freunde und seine Familie die Sache in die Hand und zeigten, was das Internet in der Lage ist zu leisten. Auf Facebook gründeten sie die Seite »Vermisst. Wo ist Michael Huber?« und erreichten damit eine breite Öffentlichkeit. Über diese Seite wurde zu Aktionen aufgerufen: Freiwillige Helfer verteilten Flyer und suchten ganze Landstriche nach dem 18-Jährigen ab – ohne Erfolg. Ein einziger Hinweis brachte den Eltern für einen kurzen Augenblick Hoffnung: Michael wurde angeblich Tage nach seinem Verschwinden in Bruck an der Leitha gesehen. Er wäre vor der Rettung davongelaufen, nachdem man ihn angesprochen hätte, so ein Eintrag auf Facebook. Verifiziert werden konnte diese Aussage nicht. Die Suche ging weiter.

Im September griff ich zum Telefon und rief Walter Huber an. Ich wollte helfen und erklärte Michaels Vater, dass ich an einem Buch schriebe und wir mit einem Kapitel, das von Michaels Verschwinden handle, eine weitere Tür für seinen Sohn öffnen würden, durch die der Junge selbst, seine Entführer oder potenzielle Augenzeugen gehen konnten. Selbst durch die Leitung konnte ich Walter Hubers Verzweiflung spüren. Der Mann war am Ende und zögerte. Lange Zeit hörte ich nur seinen Atem am Telefon, dann versprach er mir, über die Sache nachdenken zu wollen.

Ich weiß, wann ich bei einem Betroffenen nicht mehr weiterkomme, und wünschte Walter Huber daher alles Gute und beendete das Gespräch.

Tage vergingen. Die unermüdlichen Bemühungen von Michaels Freunden beeindruckten mich. Es gab immer wieder neue Suchaktionen und Aufrufe im Internet. Plakate wurden geklebt, noch mehr Flugzettel verteilt. Ich schrieb den Verantwortlichen der Facebook-Seite und nahm mit einer gewissen Julia Kontakt auf. Sie war zu einem Gespräch bereit und wollte sich mit mir treffen. Nachdem ich eine Woche später von einem Auslandsaufenthalt zurückgekehrt war und immer noch keinen Termin von Julia mitgeteilt bekommen hatte, ärgerte ich mich zunächst, bis ich die Tageszeitungen durchlas, die für mich gesammelt worden waren.

Michael Hubers Leiche war drei Wochen nach seinem Verschwinden bei Fischamend gefunden worden. Die Polizei geht zum Zeitpunkt der Drucklegung dieses Buches von keinem Fremdverschulden aus. So schnell, wie Freunde und Verwandte des jungen Mannes nach dessen Verschwinden die Facebook-Seite »Vermisst. Wo ist Michael Huber?« gegründet hatten, so schnell verschwand sie wieder aus dem Netz. Zurück bleiben viele offene Fragen, deren Klärung ich mit besonderem Interesse verfolgen werde.

Offene Abgängigkeiten in Wien mit Stichtag 8. Oktober 2013

Fahndungsakte des LKA Wien – Assistenzbereich 01*:

Rene Z., 15 Jahre alt, abgängig seit 8. Oktober 2013 aus Wien Alsergrund. Ist nicht mehr in das Heim, in dem er untergebracht ist, zurückgekehrt.

Lidija St., 13 Jahre alt, abgängig seit 7. Oktober 2013 aus Wien Alsergrund. Ist nicht in das Heim zurückgekehrt, in dem sie untergebracht ist. Befindet sich in Begleitung eines weiteren Zöglings.

Patrik Z., 14 Jahre alt, abgängig seit 7. Oktober 2013 aus Wien Alsergrund. Ist nicht in das Heim, in dem er untergebracht ist, zurückgekehrt.

Erwin N., 80 Jahre alt, abgängig seit 7. Oktober 2013 aus Wien Favoriten, geistig verwirrt und gebrechlich.

Fema A., 17 Jahre alt, abgängig seit 7. Oktober 2013 aus ihrer Wohnung in Wien Brigittenau.

Farshad A., 15 Jahre alt, abgängig seit 7. Oktober 2013 aus Wien Neubau. Er wollte eine Freundin treffen und ist nicht mehr in die Wohngemeinschaft zurückgekehrt.

Christian H., 39 Jahre alt, abgängig seit 4. Oktober 2013 aus Wien Margareten, hilflos oder gefährlicher Mensch.

Roman H., 28 Jahre alt, abgängig seit 4. Oktober 2013 aus Wien Favoriten, arbeitsloser Drogenkonsument.

Alexandra G., 16 Jahre alt, abgängig seit 4. Oktober 2013 aus Wien, Schmelz.

---

* Die Namen der Abgängigen wurden verändert.

Gerhard S., 48 Jahre alt, abgängig seit 4. Oktober 2013 aus Wien Döbling. Kam nach der Arbeit nicht mehr nach Hause, leidet an Depressionen und hat bereits seit mehreren Tagen auf die Einnahme von Medikamenten verzichtet.

Aurelia G., 53 Jahre alt, abgängig seit 3. Oktober 2013 aus Wien Alsergrund. Nachdem die Krankenschwester alle ihre Patienten ordnungsgemäß versorgt hatte, verließ sie das Krankenhaus, doch sie kam nie zu Hause an.

Orkun K., 16 Jahre alt, abgängig seit 2. Oktober 2013 aus seiner Wohnung in Wien Floridsdorf nach Familienstreit.

Natascha L., 36 Jahre alt, abgängig seit 2. Oktober 2013 aus Wien Alsergrund, hilflos oder gefährlicher Mensch.

Anisha S., 13 Jahre alt, abgängig seit 2. Oktober 2013 aus dem Krankenhaus Wien Hietzing.

Ali Ö., 46 Jahre alt, abgängig seit 30. September 2013 aus Wien Innere Stadt. Hat mittels Brief Selbstmord angekündigt.

Kevin B., 17 Jahre alt, abgängig seit 30. September 2013 aus Wien Döbling. Ist nicht mehr in das Heim, in dem er untergebracht ist, zurückgekehrt.

Michele V., 16 Jahre alt, abgängig seit 30. September 2013 aus Krankenhaus in Wien Hietzing.

Abbas Y., 17 Jahre alt, abgängig seit 29. September 2013 aus elterlicher Wohnung in Wien Brigittenau.

Sofia M., 18 Jahre alt, abgängig seit 24. September 2013 aus Wien Meidling. Erwähnte auf Facebook die Absicht, nach Italien zu fahren.

Jennifer P., 16 Jahre alt, abgängig seit 22. September 2013 aus Wien Währing. Ist nicht mehr in das Mädchenheim, in dem sie untergebracht ist, zurückgekehrt.

Dominika O., 16 Jahre alt, abgängig seit 19. September 2013 aus Wohnung in Wien Brigittenau.

Yvonne S., 17 Jahre alt, abgängig seit 18. September 2013 aus Wohngemeinschaft in Wien Währing.

Michael S., 58 Jahre alt, abgängig seit 16. September 2013 aus betreuter Wohneinheit in Wien Währing.

Muzafer S., 14 Jahre alt, abgängig seit 13. September 2013 aus Wohnung in Wien Meidling.

Jacqueline S., 16 Jahre alt, abgängig seit 10. September 2013 aus Wohnung in Wien Favoriten.

Maria M., 39 Jahre alt, abgängig seit 9. September 2013 aus Wien Favoriten nach Familienstreit.

Veronika M., 9 Jahre alt, abgängig seit 9. September 2013 aus Wien Favoriten nach Familienstreit. Ist mit Schwester unterwegs.

Damjana G., 17 Jahre alt, abgängig seit 4. September 2013 aus Wien Rudolfsheim-Fünfhaus. Ist nicht mehr in das Heim, in dem sie untergebracht ist, zurückgekehrt.

Adelisa D., 16 Jahre alt, abgängig seit 3. September 2013 aus Wien Währing. Ist nicht mehr in das Heim, in dem sie untergebracht ist, zurückgekehrt.

Alfred O., 46 Jahre alt, abgängig seit 1. September 2013 aus Wien Margareten. Letztes Lebenszeichen erfolgte via Facebook.

Jaqueline G., 13 Jahre alt, abgängig seit 27. August 2013 aus Krisenzentrum in Wien Währing.

James S., 22 Jahre alt, abgängig seit 22. August 2013 aus Krankenhaus in Wien Alsergrund. Es besteht für ihn akute Lebensgefahr.

Mahnas Q., 14 Jahre alt, abgängig seit 20. August 2013 aus Wohnung in Wien Brigittenau.

Gareth A., 32 Jahre alt, abgängig seit 18. August 2013 aus Wohnung in Wien Rudolfsheim-Fünfhaus. Er hat über Facebook Selbstmord angekündigt.

Ismael E., 13 Jahre alt, abgängig seit 16. August 2013 aus Wohnung in Wien Meidling.

Nesba K., 17 Jahre alt, abgängig seit 16. August 2013 aus Wien Simmering. Ist nicht mehr in das Heim, in dem sie untergebracht ist, zurückgekehrt.

Vinod G., 34 Jahre alt, abgängig seit 16. August 2013 aus Wien Mariahilf. Hat per E-Mail Selbstmord angekündigt.

Zlata O., 30 Jahre alt, abgängig seit 10. August 2013 aus Wohnung in Wien Josefstadt.

Erdal S., 44 Jahre alt, abgängig seit 7. August 2013 aus Krankenhaus in Wien Penzing.

Thomas K., 31 Jahre alt, abgängig seit 4. August 2013 nach Trekkingtour in Norwegen. Letzter Aufenthaltsort war laut GPS-Ortungsgerät die Inselgruppe der Lofoten.

Erwin R., 59 Jahre alt, abgängig seit 29. Juli 2013 aus Wien Hernals. Wurde zuletzt von Ex-Lebensgefährtin gesehen, ist alkoholkrank.

Sila S., 18 Jahre alt, abgängig seit 26. Juli 2013 aus Krankenhaus in Wien Penzing.

Mariana S., 18 Jahre alt, abgängig seit 20. Juli 2013 aus Krankenhaus in Wien Penzing.

Maroan E., 15 Jahre alt, abgängig seit 9. Juli 2013 aus dem Burgenland. Verdacht der Kindesentziehung durch den Kindesvater.

Gentiana L., 21 Jahre alt, abgängig seit 24. Juni 2013 aus Wohnung in Wien Favoriten.

Ivita R., 17 Jahre alt, abgängig seit 21. Juni 2013 aus Wien vom Donauinselfest. Ist in die Opferschutzeinrichtung der Interventionsstelle für Betroffene des Frauenhandels nicht mehr zurückgekehrt.

Tudor S., 17 Jahre alt, abgängig seit 5. Juni 2013 aus Wien Meidling. Ist nicht mehr in das Heim, in dem er untergebracht ist, zurückgekehrt.

Alen S., 20 Jahre alt, abgängig seit 3. Juni 2013 aus Wohnung in Wien Donaustadt.

Renate K., 71 Jahre alt, abgängig seit 3. Juni 2013 aus einem Thermenhotel in Ungarn. Die schwer an Demenz Erkrankte ist nach einem Spaziergang nicht mehr in das Hotel zurückgekehrt.

Remus S., 36 Jahre alt, abgängig seit 3. Juni 2013 aus Krankenhaus in Wien Favoriten.

Eva K., 25 Jahre alt, abgängig seit 28. Mai 2013 aus Wohnung in Wien Hernals.

Slavica N., 38 Jahre alt, abgängig seit 28. Mai 2013 aus Wohnung in Wien Favoriten.

Ali S., 41 Jahre alt, abgängig seit 9. Mai 2013 aus Krankenhaus in Wien Alsergrund.

Rustam I., 25 Jahre alt, abgängig seit 26. April 2013 aus Wien Brigittenau.

Nemariam G., 32 Jahre alt, abgängig seit 24. April 2013 aus Wohnung in Wien Mariahilf.

Vasile R., 45 Jahre alt, abgängig seit 24. April 2013 aus Krankenhaus in Wien Alsergrund.

Muhhamed D., 4 Jahre alt, abgängig seit 20. April 2013 aus Wien Neubau nach Kindesentziehung. Der Kindesvater und Ex-Lebensgefährte der Kindesmutter hat den gemeinsamen Sohn nach einem Besuch nicht mehr zurückgebracht.

Saldana R., 49 Jahre alt, abgängig seit 19. März 2013 aus Wien Landstraße, leidet an Depressionen.

Abderraem N., 40 Jahre alt, abgängig seit 18. März 2013 aus Krankenhaus in Wien Penzing.

Condela E., 53 Jahre alt, abgängig seit 2. März 2013. Hielt sich in

Rom auf und brach ihren regelmäßigen und zuverlässigen Kontakt zu ihrer Tochter abrupt ab, schien zuvor wesensverändert.

Klaudius A., 38 Jahre alt, abgängig seit 9. Februar 2013 aus Wohnung in Wien Rudolfsheim-Fünfhaus.

Sami H., 21 Jahre alt, abgängig seit 4. Februar 2013 aus elterlicher Wohnung in Wien Meidling. Raucht nicht, trinkt nicht – keine Probleme bekannt.

Hawa S., 17 Jahre alt, abgängig seit 27. Jänner 2013 aus Wien Favoriten.

Abgängigkeitsfälle Wien 2012

Vom Landeskriminalamt Wien, Assistenzbereich 01, wurden im Jahr 2012 insgesamt 3069 Abgängigkeitsanzeigen bearbeitet. Davon wurden bis September 2013 15 Fälle noch nicht geklärt.

Abgängigkeitsfälle Wien 2013

Mit Stichtag 8. Oktober 2013, 6 Uhr morgens, wurden im Landeskriminalamt Wien insgesamt 2408 Abgängigkeitsanzeigen bearbeitet. Davon sind 63 noch offen.

Anhang

Die wichtigsten Abkürzungen

FOLGEND die im Zusammenhang mit Abgängigkeiten in Akten und Medienberichten am häufigsten verwendeten und vorkommenden Abkürzungen:

BPD	=	Bundespolizeidirektion
BK	=	Bundeskriminalamt
BM.I	=	Bundesministerium für Inneres
CCM	=	Cold Case Management
EKF	=	Erkennungsdienst, Kriminaltechnik und Fahndung
EKIS	=	Elektronisches Kriminalpolizeiliches Informationssystem
KAP	=	Kompetenzzentrum für abgängige Personen
LKA	=	Landeskriminalamt
SPG	=	Sicherheitspolizeigesetz
StPO	=	Strafprozessordnung

Dienststellen der österreichischen Polizei – Die Sicherheitspyramide

AN OBERSTER STELLE der Sicherheitspyramide steht das Bundesministerium für Inneres. In dieses ist auch das Bundeskriminalamt Österreich eingegliedert, welches die höchste Instanz der Kriminalpolizei unseres Landes darstellt. Hier wiederum findet sich die sogenannte Abteilung II/BK/3, sie ist zuständig für Ermittlungen hinsichtlich organisierter und allgemeiner Kriminalität. Von hier aus wird gemeinsam mit der Abteilung für internationale Polizeikooperation und Fahndung im Bundeskriminalamt auch weltweit nach Abgängigen gesucht.

Insgesamt neun Landespolizeidirektionen sorgen in den jeweiligen Bundesländern Österreichs für Ordnung und Sicherheit. Hier wiederum stellen die jeweiligen Landeskriminalämter die Kompetenz der Kriminalitätsbekämpfung. Allererste Anlaufstellen für Angehörige Abgängiger zur Erstattung einer Anzeige und Einleitung der Fahndung sind in der Regel die Polizeiinspektionen.

Abgängigenfahndung in Österreich

DIE STRAFVERFOLGUNGSBEHÖRDE der Europäischen Union ist die Europol (Europäisches Polizeiamt) mit Sitz in Den Haag in den Niederlanden. Sie soll die Arbeit der nationalen Polizeibehörden Europas im Bereich der grenzüberschreitenden organisierten Kriminalität koordinieren und den Informationsaustausch zwischen den nationalen Polizeibehörden fördern, außerdem unterstützt sie die Behörden bei Zielfahndungen im Ausland.

Auf internationaler Ebene agiert die Interpol (Internationales Polizeiamt, auch ICPO für »The International Criminal Police Organization«), eine Organisation zur Bekämpfung der grenzüberschreitenden Kriminalität unter Wahrung der nationalen Souveränität, die 1923 in Wien gegründet wurde. Die Interpol hat derzeit 188 Mitgliedsstaaten und bedient sich der vier Arbeitssprachen Englisch, Französisch, Arabisch und Spanisch. Ihr Sitz befindet sich in Lyon.

Die sogenannte Abgängigenfahndung ist im Sicherheitspolizeigesetz (SPG) geregelt und stellt mit einer Aufklärungsquote von beinahe 99 Prozent die mit Abstand erfolgreichste Personenfahndung überhaupt dar. Sie dient der Ermittlung des Aufenthaltes eines vermeintlich Abgängigen beziehungsweise der Ursachenermittlung einer Abgängigkeit. Erhärtet sich der Tatverdacht, dass dem Verschwinden einer Person ein Verbrechen (Entführung, Verschleppung, Mord …), also eine Straftat, zugrunde liegt, können über Auftrag der Gerichte Ermittlungen nach der Strafprozessordnung (StPO) eingeleitet werden, wodurch mit weit effizienteren Methoden als bei »bloßer« Abgängigkeit nach dieser Person gefahndet werden kann. Es ist nämlich ein Irrtum, dass bereits das Verschwinden eines Menschen allein schon einen strafbaren Tatbestand darstellt – eine volljährige Person kann ihren Aufenthalt jederzeit frei wählen und ist nicht verpflichtet, diesen bekanntzugeben (ausgenommen behördlich vorgesehene Meldepflichten). Das bedeutet: Abgängigkeit ist noch kein Kriminalfall, aber ihr kann sehr wohl ein Kriminalfall zugrunde liegen.

Bei jeder Fahndung nach einer abgängigen Person ist eines gleich – sie entwickelt eine Eigendynamik, die durch Hinweise, Vermutungen und Fakten genährt wird. Zu ermitteln gilt es in jene Stoßrichtung, für die die meisten Indizien sprechen, auf die die meisten Hinweise deuten.

Abgängigkeiten sind jedenfalls nicht wie »übliche« Verbrechensstraftatbestände zu behandeln, denn es fehlt am Beginn der Recherchen das Allerwichtigste – nämlich das Opfer selbst!

Handelt es sich bei einem Abgängigenfall dann tatsächlich um ein Verbrechen, müssen nach Auffinden des Opfers die Ermittlungen nach dem Täter weitergeführt werden. Kriminalpolizeiliche Erkenntnisse, die im Zuge der vorangegangenen Ermittlungen gewonnen wurden, bieten dann die oft ausschlaggebenden Basisinformationen für eine erfolgreiche Täterfahndung.

Innerhalb des SPG sind Ermittler in ihrer Tätigkeit sehr eingeschränkt. Die Befragung von involvierten Personen oder Zeugen darf ausschließlich auf freiwilliger Basis erfolgen, ebenso die Nachschau in Wohnungen, selbst dann, wenn ein konkreter Verdacht besteht (Ausnahme: Gefahr in Verzug – was übrigens nicht bedeutet, dass Gefahr im Anzug, im Anmarsch ist, sondern dass Gefahr droht, wenn weiterer Verzug eintritt, man also nicht sofort handelt). Zu tatsächlichen Erfolgen kommt es meist erst bei Anwendung der StPO unter richterlich angeordneten Ermittlungsinstrumenten wie Hausdurchsuchung, Telefonüberwachung und dergleichen! Und das ist wohl das größte Problem bei der Abgängigenfahndung: kein Opfer – keine Ermittlung nach der StPO – schlechte Chance bei der Aufklärung eines möglichen Verbrechens.

Weiters hinderlich bei der Suche nach abgängigen Menschen ist nach wie vor das Fehlen einer zentralen Abgängigendatei, die einen automatischen Abgleich von Abgängigen, unbekannten Personen und Leichen durchführt oder auf längere Abwesenheiten von Personen aufmerksam macht – es mangelt oftmals an der Übersicht.

Auch wenn es bei den zuständigen Stellen nicht jedermann hören will – die Abgängigenfahndung ist ein Stiefkind der Personenfahndung, denn mit der Fahndung nach »vermeintlichen« Abgängigen sind keine Lorbeeren zu holen. Die sich in diesem Bereich tatsächlich ereignenden Verbrechen liegen im Vergleich zur Anzahl der Abgängigenanzeigen im Promillebereich. Leider fiel auch das sich über Jahrzehnte im ehemaligen Wiener Sicherheitsbüro erfolgreich etablierte Abgängigenreferat vor Jahren Reformen zum Opfer. Doch gerade dieses Referat war in der Lage, rasche Selektionen vorzunehmen und so die ermittelnden BeamtInnen im Vorfeld zu entlasten. Jene Fälle, die dann die Fahndungsgruppe bekam, hatten ausschließlich bedenklichen Hintergrund.

Dem vorliegenden Defizit hat man nun aber seitens der Landespolizeidirektion Wien Rechnung getragen und im Jahre 2009 im Landeskriminalamt Wien den Assistenzdienst »Fahndung Abgängige« eingerichtet. Er ähnelt sehr dem ehemaligen Abgängigenreferat des damaligen Wiener Sicherheitsbüros. Mit insgesamt 12 BeamtInnen, aufgeteilt in die Gruppen »Zielfahndung«, »Hotelkontrolle« und »Abgängigenfahndung«, ist diese Neukonstruktion aber um ein Vielfaches schlagkräftiger. Geregelt ist hier auch der Ablauf der Abgängigenfahndung.

So motivreich die Beweggründe für das Verschwinden eines Menschen sind, so sensibel sind die erforderlichen Fahndungsmethoden abzuwägen. Grundsätzlich ist jeder Polizist/jede Polizistin in ganz Österreich befugt, nach Abgängigen zu suchen. Dies erfolgt vor allem im Zuge der Erstfahndungsmaßnahmen. BeamtInnen, die auf diese Ermittlungen spezialisiert sind, nennt man Abgängigenfahnder. Diese arbeiten im BK wie auch in den LKAs.

Das österreichische BK ist für die internationale Steuerung und Koordinierung von Fahndungsmaßnahmen, die nationale Evidenz sowie für Analysen, Auswertungen und Lageberichte verantwortlich. Die operativen Aktivitäten, also die aktiven Fahndungen, die jeweiligen Erhebungsmaßnahmen wie Zielfahndungen, Befragungen, Hausdurchsuchungen und dergleichen, werden zumeist vom zuständigen LKA durchgeführt, bei dem Anschein nach »unbedenklichen« Abgängigkeiten wiederum überwiegend von den jeweiligen Polizeiinspektionen.

Aufgrund der gestiegenen Herausforderungen bei der Abgängigenfahndung begann man im Februar 2008 mit einer Bedarfserhebung zur Gründung einer Sondereinheit im BK, dem Referat für Cold-Case-Management (CCM). Die Leiter der LKAs erhielten die Instruktion, offene Abgängigkeitsfälle daraufhin zu überprüfen, ob ein CCM zielführend wäre. Daraufhin haben die Ermittler 14 Fälle gefunden, denen teilweise erfolgreich erneut nachgegangen wurde.

Nach der vielversprechenden Anfangsphase begann man im Juni 2008 spezielle Cold-Case-Fälle, in welchen Minderjährige abgängig waren, aufzurollen. Dabei konnten weitere Kinder aufgefunden werden, bei einigen stellte sich heraus, dass es sich bei deren Abgängigkeit um Kindesentziehung handelte.

Im Jahre 2010 wurde dann die Einheit CCM im BK fix installiert und mit der Leitung und Koordinierung der nationalen und internationalen Maßnahmen, sowie mit den Ermittlungen zur Aufklärung von speziellen, unaufgeklärten und länger zurückliegenden Vermissten- und Kriminalitätsfällen, betraut.

Die Kernphilosophie lautet: Neue Ansätze in alten Fällen finden. Bei der ersten Abgängigkeit, der sich das Team widmete, handelte es sich um jene von Julia Kührer, die 2006 als 16-Jährige spurlos aus ihrem Heimatort in Niederösterreich verschwunden war.

Die Idee hinter der Cold-Case-Einheit ist leicht erklärt: BeamtInnen, die sich bisher mit einem Fall noch nicht beschäftigt haben, gehen mit neuen Fragestellungen und teilweise unorthodoxen Ermittlungsmethoden an den Akt heran. Dabei ist es wichtig, mögliche Lücken und Ungereimtheiten im Akt zu entdecken, etwa »Warum wurde dieser Hypothese nicht mehr nachgegangen?« oder »Gibt es im Akt noch einen Hinweis, der intensiver verfolgt werden könnte?«. Für die Cold-Case-Ermittler ist auch die erneute Befragung von Zeugen und Hinweisgebern von besonderer Bedeutung.

Mittlerweile sind die Fahnder der Cold Cases sogar in Social Networks wie Facebook aktiv, um dort vielleicht Hinweise auf Aufenthaltsorte verschwundener Personen zu erhalten.

Jede Ermittlung beginnt zunächst mit dem Ermittlungsakt und – wenn es einen gibt – dem Tatort sowie den Angaben zur Person. Im zweiten Schritt werden das Umfeld des Opfers sowie die sichtbaren Motive beleuchtet. Das kann die Familie, Partner und Freunde betreffen. Der dritte Schritt beschäftigt sich mit den nicht im ersten Moment sichtbaren Motiven – zum Beispiel heimliche Liebschaften. Im vierten Schritt werden allfällige Hypothesen und Theorien überprüft, neue aufgestellt und wiederum überprüft.

Seitens des BKs Österreich werden folgende Punkte für den Erfolg bei der Arbeit der Behörden in Fällen von Abgängigkeit als wichtig erachtet:

- Früheres und effizienteres Aufgreifen abgängiger Minderjähriger
- Die Nachvollziehbarkeit von kriminalpolizeilichen Maßnahmen
- Analyse- und Fallvergleichsmöglichkeiten durch eine zentrale Evidenz
- Bessere internationale Ermittlungs- und Fahndungstätigkeiten
- Professioneller Umgang mit und zentraler Zugang für Angehörige, Medien und Nichtregierungsorganisationen seitens der zentralen Kriminalpolizei

Abgängig sind überwiegend Jugendliche aus Zöglingsheimen und Selbstmörder, aber auch Unfallopfer. Ein potenzieller kriminalpolizeilich relevanter Hintergrund kann vorerst nie ausgeschlossen werden, liegt tatsächlich aber nur sehr selten vor. Aufgrund der oben genannten Klientel ist es für den regionalen Ermittler oft sehr schwierig, das Gefahrenpotenzial richtig einzuschätzen, was dazu führen kann, dass Abgängigkeiten als harmlos abgetan werden: »Die kommen ja eh wieder zurück!«

Leider ist das nicht immer so! So waren zum Beispiel Mordopfer von Jack Unterweger zuerst als abgängig gemeldet. Dasselbe geschah im Fall Helmut Frodl: Sein Opfer Fritz Köberl galt, obwohl schon lange tot, damals einige Zeit lang als vermisst.

Der 46-jährige Tonstudiobesitzer und Filmproduzent Fritz Köberl war im Jahr 1992 dahintergekommen, dass Helmut Frodl, bekannt unter anderem als Moderator der Jugendsendung »Ohne Maulkorb«, sich durch Bestechung eines Beamten Vorteile gegenüber Mitbewerbern, etwa bei der Vergabe von Werbespots, verschaffte. Er drohte damit, den ORF-Fernsehstar wegen Korruption anzuzeigen, woraufhin Frodl beschloss, gemeinsam mit einem Freund, dem Steuerberater Gabor Pesti, den unliebsamen Mitwisser zu töten. Nach monatelanger Planung mieteten die beiden eine Wohnung in Budapest und engagierten eine junge Serbin, Biljana Novakova, die den Produzenten dorthin locken sollte – da die Frau einer Ex-Partnerin von Köberl ähnlich sah, war Frodl sicher, dass sich der Mann in die Serbin verlieben würde.

Am 22. Mai 1992 folgte Köberl Biljana Novakova tatsächlich in die Wohnung, um dort ihren »Onkel Benes« kennenzulernen. Frodl öffnete verkleidet als Nachbar die Tür, während sich sein Freund Pesti als jener Onkel ausgab. Der Steuerberater verabreichte Köberl Schlafmittel, danach tötete ihn Frodl mit vier Kopfschüssen, anschließend wurde die Leiche in 17 Teile zerstückelt, in Plastiktüten verpackt und in verschiedenen Mülltonnen entsorgt.

Die Angehörigen des Opfers erhielten kurze Zeit später Briefe und ein Fax, in denen sich die Täter als Köberl ausgaben und von einer Hochzeitsreise berichteten – er würde länger nicht nach Hause kommen und wollte, dass seine Finanzen von einem Generalbevollmächtigten verwaltet würden. Um die Behauptung der Hochzeitsreise glaubwürdiger zu gestalten, flog Frodl nach London, um von dort eine Karte an die Angehörigen des Opfers abzuschicken. Danach marschierte Frodl als Fritz Köberl verkleidet in die österreichische Botschaft in London und unterzeichnete einen Vertrag zur Bevollmächtigung seines Freundes, des Steuerberaters Gabor Pesti, zur Verwaltung »seines« Vermögens.

Einige Tage später öffnete ein Obdachloser auf der Suche nach etwas Essbarem einen der Müllsäcke, entdeckte darin eine Hand und alarmierte die Polizei, die daraufhin alle 17 Körperteile des ermordeten Produzenten, dessen Identität zu diesem Zeitpunkt noch nicht geklärt war, sicherstellen konnte. Ein Gerichtsmediziner fertigte einen Gipsabdruck vom Kopf des Toten an, woraufhin das Gesicht in diversen ungarischen Medien veröffentlicht werden konnte.

Freunde von Köberl, die sich auf die lange Abwesenheit des Produzenten keinen Reim machen konnten, meldeten ihn als vermisst. Eine in Österreich lebende Ungarin sah zufällig in einer ungarischen Zeitung das rekonstruierte Gesicht der aufgefundenen Leiche und entdeckte zur gleichen Zeit in einer österreichischen Zeitung die Vermisstenanzeige von Köberl – ihr fiel die Ähnlichkeit der beiden Fotos auf. Die BeamtInnen konnten durch Fingerabdrücke schließlich feststellen, dass es sich bei dem in Ungarn ermordeten Mann tatsächlich um Fritz Köberl handelte.

Die beiden Freunde Frodl und Pesti wurden für den Mord zu lebenslanger Haft verurteilt. Helmut Frodl ist am 12. Juni 2009 entlassen worden, sein Komplize Gabor Pesti ist aufgrund einer Krebserkrankung und guter Führung bereits im Sommer 2008 freigekommen.

Als Leiter des Wiener Abgängigenreferates im Sicherheitsbüro war ich für Abgängigenfälle, aber auch für die Identifizierung unbekannter Leichen und Personen zuständig. Oft habe ich schreckliche Dinge erlebt, die mich an die Grenzen meiner Belastbarkeit gebracht haben, beispielsweise beim Absturz der Lauda Air im Jahr 1991, als ich mich um die Koordination der Identifizierung der etwa 70 Wiener Opfer zu kümmern hatte.

In diesen neun Jahren waren jährlich durchschnittlich 3800 Menschen in Österreich, etwa 2500 davon alleine in Wien, abgängig. Und mir kamen alle Menschentypen unter, die den Mythos des »Abgängigseins« prägen: Ausreißer, Aussteiger, Selbstmörder, Geisteskranke, Verwirrte, Unfallopfer, Mordopfer, Mörder … aber auch irrtümlich als vermisst Gemeldete, die einfach nur für ein paar Tage untergetaucht waren, um sich eine Auszeit zu nehmen und zur Ruhe zu kommen.

Es waren während meiner Tätigkeit keine Kinder und Minderjährige als nicht wieder aufgefunden zu verzeichnen – Ausnahme: Natascha Kampusch. Im Bezug auf volljährige Personen hat mich im Dienst das mysteriöse Verschwinden Gabriele Bartas betroffen.

Man kann aber auch sagen, dass sich fahndungsmäßig bis zum heutigen Tage nichts Grundlegendes geändert hat!

Vorgang an einer Wiener Polizeidienststelle – abgängiger Volljähriger:

- (Versuch der) Anzeigenerstattung – früher blieb es oft beim Versuch, weil man möglicherweise abgewiesen wurde mit dem Hinweis, der Abgängige würde sicher wieder auftauchen, man möge ein wenig später wiederkommen. Seit August 2011 ist in Wien jedoch eine Dienstanweisung in Kraft, welche penibel die Tätigkeiten zur Abgängigenfahndung regelt und auch gewährleisten soll, dass jede Anzeige einer vermeintlichen Abgängigkeit sofort entgegengenommen wird. Ist der Fall heikel, verschwindet beispielsweise eine Person aus einem stabilen Umfeld mit guten sozialen Kontakten, wird meist sofort mit verstärkter Ermittlungstätigkeit begonnen (es müssen *nicht* 24 oder 48 Stunden ab dem Zeitpunkt des Verschwindens vergangen sein).
- Priorierung (Suche) in verschiedenen Datenbanken – wie beispielsweise im zentralen Melderegister, der Personenfahndungsdatei – und weitere Nachfrage in der »Spitalsdatei«
- Anfrage bei Rettungsdiensten, ob die abgängige Person transportiert wurde
- Ermittlung durch Hotelkontrolle
- Wohnungsnachschau – Keller/Dachboden

- Befragung der Angehörigen
- Befragung des Arbeitgebers
- Ausschreibung im EKIS und im Schengener Informationssystem (SIS)
- Erhebung durch den regionalen Ermittler: Befragung von Personen im Umfeld der betreffenden Wohnumgebung
- Grundsätzlich weitere Ermittlungstätigkeit und Sammeln von Hinweisen hinsichtlich eines möglichen Aufenthaltsortes
- Gegebenenfalls Abgleich mit unbekannten Leichen oder Personen

Zeigen sich jedoch weder im Wohnbereich noch bei den Befragungen bedenkliche Faktoren, »schlummert« die Abgängigkeit in weiterer Folge vor sich hin!

Vorgang an einer Wiener Polizeidienststelle – abgängiger Minderjähriger:

Das Prozedere ist dasselbe, das bei der volljährigen Person abläuft. In den meisten Fällen handelt es sich hier um Dauerentweicher aus Zöglingsheimen. Zumeist kehren diese Kinder oder Jugendlichen von selbst wieder zurück, oder sie werden an für sie einschlägigen Plätzen von Polizeistreifen aufgegriffen.

Grundsätzlich existieren hier drei Kategorien:

- Ausreißen aus Abenteuerlust
- Ausreißen, um Aufmerksamkeit zu erregen
- Ausreißen, um kriminelle Handlungen zu begehen oder sich zu prostituieren

Eine spezielle Form der Abgängigenfahndung stellen Fahndungsmaßnahmen nach § 195 StGB dar. Hier handelt es sich um das strafrechtliche Delikt der »Entziehung eines Minderjährigen aus der Macht des Erziehungsberechtigten«.

Solche Fälle kommen immer wieder in Verbindung mit Ehescheidungen und Obsorgestreitigkeiten vor.

Chronologie einer Leichenidentifizierung – ein Beispiel

Am 10. März 1992 langte im Abgängigenreferat folgendes Fahndungsfernschreiben ein:

> Aufenthaltsermittlung wegen Abgängigkeit Wilhelm S., männlich, geboren am 19.12.1920 in Wien, österreichischer Staatsbürger, wohnhaft Mundygasse 1/2/1, 1100 Wien, Vater: Hubert, Mutter: Elisabeth, abgängig seit 2.3.1992 aus Wohnung. Ursache könnte der Tod seiner Gattin sein. Diese wurde am 9.3.1992 in der Wohnung durch den Sohn des Abgängigen aufgefunden. Personsbeschreibung: Ca. 174 cm groß, ca. 90 kg schwer, mittlere Statur, dunkelbraune Haare, Bekleidung unbekannt. Achtung Selbstmordgefahr!

Am 11. März 1992 wurden die Bundesländer von der Abgängigkeit von S. in Kenntnis gesetzt.

Am 12. April 1992 langte im Abgängigenreferat folgendes Fernschreiben ein:

> Am 12.4.1992 um 06:10 Uhr wurde in Wien 22., Neue Donau Stromkilometer 121,0 nächst Reichsbrücke eine unbekannte männliche Wasserleiche geborgen. Im Zuge der Kommissionierung konnte folgende Personsbeschreibung festgestellt werden: Mann, ca. 50 Jahre alt, 180 cm groß, stärkere Statur, war bekleidet mit dunklem Sakko, blauer Stoffhose Marke Wolf, hellbraunem Rollkragenpullover, weißem T-Shirt mit dunklen kurzen Ärmeln, weiß-

gerripptem Unterleibchen mit kurzen Ärmeln, knielanger weißgerippter Unterhose, bunt gemusterter Tanga-Unterhose, grauen Wollstutzen, schwarzen Halbschuhen, schwarzen Lederhandschuhen. Am Körper konnten keine Tätowierungen, keine sichtbaren Operationsnarben und keinerlei Schmuckgegenstände festgestellt werden. Auf die Identität der Person konnten keine Hinweise vorgefunden werden. Die Leiche wurde in die Gerichtsmedizin 9., Sensengasse 2, verschafft und einer gerichtsmedizinischen Obduktion unterzogen. Zwecks Abnahme von Fingerabdrücken wurde das EKF, Abteilungsinspektor St., telefonisch in Kenntnis gesetzt. Kleiderkarte wurde angelegt*. Laut polizeilichen Amtsarztes befand sich die Leiche ca. 1 bis 2 Wochen im Wasser. Bei Abgängigkeitsanzeigen Bedacht nehmen.

Nach Überprüfung von Abgängigen fiel die Aufmerksamkeit meiner Stellvertreterin Monika Urbanz auf eine eventuell passende Abgängigkeit. Daher richtete sie ein Erhebungsersuchen an das betreffende Bezirkspolizeikommissariat Donaustadt, welches folgenden Wortlaut enthielt:

Bezug nehmend auf das dortige Fernschreiben vom 12.4.1992 betreffend Auffindung einer unbekannten männlichen Wasserleiche in Wien 22., Neue Donau nächst Reichsbrücke, wird mitgeteilt, dass beim Bezirkspolizeikommissariat Ottakring ein Aktenvorgang bezüglich Anhalten wegen abgängigen volljährigen Peter B., 3.9.1934 in Villach geboren, österreichischer

* Von allen an Leichen vorgefundenen Kleidungsstücken wurden früher kleine Muster in der Größe von einigen Zentimetern herausgeschnitten, auf eine sogenannte Kleiderkarte geklebt und dem Leichenakt beigefügt. Dies gewährleistete auch noch nach Monaten und sogar Jahren das Vorhandensein von Vergleichsmaterial bei eventuell erforderlichen Faservergleichen. Vor allem bei Mordfällen konnte diese Kleiderkarte enorme Bedeutung erlangen.

Staatsbürger, wohnhaft Wien 16, Ottakringerstraße 217/1/2/9, Zweitwohnsitz Wien 14, Possingergasse 19, unter der Zahl Abg. 40/92 anhängig ist. Genannter ist 180 cm groß, 100 kg schwer, graue Augen, weiße Haare, keine besonderen Merkmale. Peter B. ist seit 20.3.1992 gegen Mittag abgängig, ist unter anderem Alkoholiker, asthmaleidend und steht in Behandlung im Hanusch Krankenhaus Wien. Da hieramts die Augen- und Haarfarbe der unbekannten Leiche sowie die Kleiderbeschreibung des abgängigen B. nicht bekannt sind, wird um Überprüfung ersucht.

Am 30. April 1992 erfuhr ich nach Anfrage bei der Gerichtsmedizin, dass die unbekannte Wasserleiche grau-braunes Haar und Stirnglatze mit Haarkranz hatte. Ebenso wurde bekannt, dass es sich bei dieser Leiche um einen Werner H., 3. April 1940 geboren, handeln dürfte.

Am 4. Mai 1992 hielt ich neuerlich mit der zuständigen Gerichtsmedizinerin telefonische Rücksprache. Diese teilte mir mit, dass es sich bei der gegenständlichen Leiche vermutlich um Werner H. handeln dürfte. Als Identifizierungszeuge war dessen Sohn erschienen. Dieser erkannte seinen Vater jedoch nicht mit absoluter Sicherheit wieder. Laut Angaben des Sohnes litt sein Vater an einer Knochenfraktur an einem Bein und hatte eine Nabelbruchoperationsnarbe. Seitens der Gerichtsmedizin konnten aber diese besonderen Merkmale an der Leiche nicht festgestellt werden.

Die Gerichtsmedizinerin gab zur Leiche eine ergänzende Personsbeschreibung bekannt: Vollständig fehlendes Gebiss, Blutgruppe 0, vermutlich Alkoholiker, bei der Sezierung wurde jedoch kein Alkoholgehalt im Blut festgestellt. Laut Gerichtsmedizinerin hatte der Sohn von Werner H. vor etwa drei Wochen eine Abgängigkeitsanzeige erstattet.

Im Zuge weiterer Recherchen hinsichtlich des Abgängigen H. erkundigte ich mich fernmündlich bei der Cousine dessen Sohnes. Diese wiederum teilte mir mit, dass es sich laut ihrem Cousin, Werner H. Jun., bei der am 12. April 1992 in Wien 22 aufgefundenen Wasserleiche nicht um Werner H. sen. handeln könne, da dieser zuverlässigen Aussagen zufolge vor Kurzem wieder gesehen worden wäre und somit auch keine Abgängigkeit mehr vorläge.

Da nun aufgrund des vorliegenden Sachverhaltes eine Identität der Leiche mit Werner H. ausgeschlossen werden musste und auch ein Überprüfungsergebnis hinsichtlich Peter B.s vom Bezirkspolizeikommissariat Donaustadt noch nicht vorlag, traf ich weitere Überprüfungsmaßnahmen in Bezug auf den abgängigen Wilhelm S..

Am 5. Mai 1992 richtete ich an die Bezirkspolizeikommissariate Favoriten und Donaustadt folgendes Telefax:

> Betreffend unbekannte Leiche, aufgefunden am 12.4.1992 in Wien 22, Neue Donau Stromkilometer 121,0, wird mitgeteilt, dass im Bezirkspolizeikommissariat Favoriten zur Zahl Abg. 30/92 eventuell passende Abgängigkeit betreffend Wilhelm S., 19.12. 1920 in Wien geboren, aufscheint. Laut Rücksprache mit der Gerichtsmedizinerin am 4.5.1992 wurde zwar vorerst angenommen, dass es sich bei dem unbekannten Toten um Werner H., 3.4.1940 geboren, wohnhaft Wien 3 Custozzagasse 13/22, handelt. Nach telefonischer Rücksprache mit der Cousine des Sohnes des vermeintlichen Toten gab diese jedoch zu Antwort, dass Werner H., 3.4.1940 geboren, erst vor kurzem zuverlässig gesehen wurde und somit unbekannte Leiche aus Wien 22 noch nicht identifiziert werden konnte. Es wird gebeten, Erhebungen betreffend Wilhelm S. durchzuführen und das Ergebnis mit Fax zu berichten.

Am 15. Mai 1992 erhielt ich vom Bezirkspolizeikommissariat Antwort auf unser Erhebungsersuchen:

> Zum bisherigen Erhebungsstand bezüglich Identitätsfeststellung einer am 12.4.1992 aus der Donau nächst Reichsbrücke geborgenen unbekannten männlichen Wasserleiche wird berichtet: Von hieramts wurden entsprechende Erhebungen bezüglich des beim Bezirkspolizeikommissariat Favoriten als abgängig gemeldeten Wilhelm S., 19.12.1920 in Wien geboren, eingeleitet. Mit Wilhelm S., 29.10.1952 geboren, dem Sohn des Abgängigen, wurde Kontakt aufgenommen und dieser an das Institut für gerichtliche Medizin der Universitätsklinik Wien verwiesen. Seitens des gerichtsmedizinischen Institutes erfolgte keine Präsentierung der Leiche, weil diese bereits hochgradig verwest, skelettiert und entstellt ist, sodass eine unmittelbare Identifizierung derselben als sinnlos angesehen werden muss. Anhand der ihm vorgezeigten Bekleidungssachen der Leiche war Wilhelm S. Jun. nicht in der Lage, eine sichere Aussage darüber zu treffen, ob es sich um Bekleidung seines Vaters handelt. Er konnte nicht aufgrund ihm geschilderter besonderer Körpermerkmale der Leiche mit Sicherheit angeben, ob diese auf seinen abgängigen Vater passen könnten. Er bleibt jedoch mit dem gerichtsmedizinischen Institut weiter in Kontakt und wird nach einem, mit der Obduzentin der Leiche noch durchzuführenden, weiteren Gespräch in den nächsten Tagen der hierörtlichen Dienststelle eine entsprechende Mitteilung über eine allfällige Identifizierung der Leiche zukommen lassen. Die betreffende Leiche wurde am 13.4.1992 vom Büro für Erkennungsdienst-, Kriminaltechnik und Fahndung erkennungsdienstlich behandelt. Vom Gesicht der Leiche wurden Lichtbilder angefertigt, die jedoch erst diese Woche zur Ausarbeitung gelangten. Anfang nächster Woche werden Lichtbilder der hierörtlichen

Dienststelle übermittelt. Laut Auskunft des EKF lassen aber auch diese Lichtbilder die Gesichtszüge der Leiche nur sehr schlecht erkennen. Die Überprüfung bezüglich des Abgängigenfalles betreffend Peter B., 3.9.1934 in Villach geboren, sind hieramts noch im Gange. Diesbezüglich können noch keine Details mitgeteilt werden. Die Ermittlungen zur Identitätsfeststellung der unbekannten Leiche sind somit noch nicht abgeschlossen. Über die weiteren Erhebungsergebnisse wird rechtzeitig berichtet.

Am 19. Mai 1992 ließ ich mir vom EKF Lichtbilder der unbekannten Wasserleiche sowie von den Schuhsohlen der von der Leiche getragenen Schuhe anfertigen.

Am 22. Mai 1992 erhielt ich vom EKF die angeforderten Lichtbilder.

Für den 26. Mai 1992 lud ich den Sohn des abgängigen Wilhelm S. in das Abgängigenreferat und legte ihm die Lichtbilder zur Einsicht vor. Er erkannte in der Leiche zwar eine Ähnlichkeit mit seinem Vater und deutete die näheren Umstände der Abgängigkeit sowie die Kleidungsstücke der Leiche als mögliche Hinweise darauf, dass es sich bei dem Toten um seinen Vater handeln könnte, aber mit Sicherheit konnte er die Identität nicht bestätigen. Wenngleich keine sichere Identifizierung möglich war, erhielt ich vom Sohn des Abgängigen die Telefonnummer vom Zahnarzt seines Vaters.

Noch am selben Tag erfuhr ich vom behandelnden Zahnarzt, dass dem abgängigen Wilhelm S. am 20. März 1989 rechts unten ein Zahn entfernt worden war. Es war der letzte Zahn des Patienten gewesen. Der behandelnde Arzt meinte aber, dass es in der Regel bis zweieinhalb Jahre nach Extraktion möglich sein könnte, diesbezügliche Spuren zu erkennen. Erst nach dieser Zeitspanne würde der Kiefer wieder völlig verknöchern. Bei älteren Menschen könnte dieser Verknöcherungsvorgang erheblich länger dauern.

Diese neuen Erkenntnisse teilte ich der Obduzentin der Gerichtsmedizin mit, und diese meinte, auch wenn der Abgängige keine Zähne mehr hatte, würde es doch aufgrund des Sachverhaltes eine Möglichkeit geben, zu überprüfen, ob eine Identität mit der gegenständlichen Leiche vorliegen würde. Sie wollte die Kieferknochen der unbekannten Wasserleiche einfach kochen. Jene Stelle im Kieferknochen, an der dieser letzte Zahn des Mannes entfernt worden war, musste nach dem Kochvorgang deutlich erkennbar weicher sein als der Rest.

Auch wenn ich durch diese Methode nun erneut auf ein Weiterkommen in diesem verzwickten Fall hoffte, versuchte ich auch noch über den ehemaligen Arbeitgeber des Abgängigen aus dem Personalakt weitere Krankenbefunde zu eruieren. Doch damit kam ich keinen Schritt weiter, es gab nichts Auffälliges oder Außergewöhnliches am oder im Körper der Leiche, das eine Identifizierung erleichtert oder zweifelsfrei möglich gemacht hätte.

Am 13. Juli 1992 teilte mir die Obduzentin der Gerichtsmedizin mit, dass sie aufgrund des Ergebnisses der Kieferuntersuchung und damit einhergehender Rücksprachen mit dem Zahnarzt von S. feststellen hatte können, dass es sich bei der vorerst unbekannten männlichen Wasserleiche, welche am 12. April 1992 in Wien 22 aus der Donau geborgen worden war, eindeutig um den volljährigen abgängigen Wilhelm S., 19. Dezember 1920 in Wien geboren, handelte.

Drei Monate nach Auffindung der Leiche, beziehungsweise vier Monate nach Erstattung der Abgängigkeitsanzeige, kam der Fall endgültig zu den Akten!

Exemplarischer Obduktionsbericht

OFTMALS FINDET mit der Obduktion einer – vorerst – unbekannten Leiche die Suche nach einem vermissten Menschen ihr tragisches Ende. Anhand eines Originalberichts eines solchen Vorgangs, eines sogenannten Sektionsprotokolls, kann man erahnen, mit welcher Akribie im Bereich der Gerichtsmedizin vorgegangen wird, wenn es gilt, unbekannte Leichen zu identifizieren. Hinter all den nüchtern und sachlich gehaltenen Formulierungen steckt trotzdem das Schicksal eines Menschen:

Leiche: N.N. (unbekannt), weiblich, U3 Stephansplatz

Äußerliche Besichtigung:
Die Leiche trägt einen Fußpass am rechten Handgelenk mit der Aufschrift N.N. Frau, Leichennummer 437, ca. 158 cm, 93 kg.
Der Leiche beigelegt findet sich zerrissene und blutig verunreinigte Kleidung, zum Teil auch von Schimmelpilz umwachsen.
Es handelt sich im Einzelnen um eine ehemals schwarze Hose, frotteeartiger Stoff, Kleidermarke: Größe 46, Polyester, Baumwolle.
Ein ehemals schwarzes T-Shirt, Aufschrift: Blue Rashion, Baumwolle, ebenfalls zerrissen und von Schimmelpilz bewachsen.
Weiters eine schwarze, boxershortartige Hose, Größe 7, und eine schwarze Lederjacke, Innenfutter gemusterter Stoff, zum Knöpfen, ebenfalls zerrissen, keine Kleidermarke.
Es wird auf Fotografien verzichtet, zumal die Leiche infolge der langen Liegezeit im Institut mit Schimmelpilz bewachsen ist und

weiters auch laut Unterlagen erkennungsdienstlich schon behandelt wurde.
Es handelt sich um die Leiche einer jüngeren Frau, geschätzt um die 25 Jahre alt, stark übergewichtig.
Die Haut blass-fahl, größtenteils flächig verunreinigt, schwärzlich, schmierig. Diese Verunreinigungen betreffen das gesamte Gesäß, rechter Bauchbereich, beide Brüste, beide Unterarme sowie Oberarmmitte, rechte Oberschenkelrückseite. Die Totenflecke, soweit beurteilbar, spärlich an der Körperrückseite. Die Totenstarre gelöst.
Die Augenlider und Augenbindehäute infolge postmortaler Veränderungen mit Schimmelpilzbewachsung kaum mehr beurteilbar.
Das Gesicht großflächig braun-rötlich verfärbt, offenbar geschürft.
Die Gesichtsöffnungen, soweit beurteilbar, ehemals frei, ebenfalls von Schimmelpilz bewachsen.
Die Leiche hat ein Eigengebiss, dieses wird ausgebaut und später noch dokumentiert werden.
Es finden sich hier breit-klaffende senkrechte Bruchspalten im Ober- und Unterkieferknochen, knapp links von der Mittellinie.
Der Hals kurz gedrungen.
Die Brüste fettreich.
Die Bauchdecken unter der Brustkorbebene.
Die Genital- und Afterregion unauffällig.
Die oberen Extremitäten zeigen beidseitig abnorme Beweglichkeit, kein Knochenreiben, desgleichen im Bereich der Beine. Es findet sich eine traumatische Abtrennung des rechten Beines, etwa 1 Finger breit oberhalb des Knöchels. Der abgetrennte Fuß mit Weichteilstümpfen liegt der Leiche bei.

Leichenöffnung:
Bei Abziehen der Schädelschwarte finden sich ausgedehnte Blutungen, ein grobscholliger Trümmerbruch sowohl des Schädeldaches als auch des Schädelgrundes. Das ziemlich zerfetzte und zerstörte Gehirn rinnt einem als blutig durchsetzter Hirnbrei entgegen. Eine Grobstruktur im Bereich des Großhirns nicht mehr zu erkennen. Halbwegs intakt ist noch der Hirnstamm, der Rest zerrissen und zertrümmert.
Bei schichtweiser Präparation der Halseingeweide keine Verletzungsspuren. Auch der Ringknorpel am Querschnitt unverletzt. Die Kehlkopfneigung frei. Die Zunge unverletzt. Die Rachenschleimhaut grau-rot. Die Schilddrüse gewöhnlich groß, graurot und fein gekörnt.
Luft- und Speiseröhre von zarter Wandbeschaffenheit.
Im Brustraum kein fremder Inhalt.
Beide Lungen mehrfach angespießt und von Rippenbruchenden mit schlitzförmigen Eröffnungen des Lungenfells. Beide Lungen schlaff zurückgesunken. An der Schnittfläche von dunkelroten, daumennagelgroßen Prellungsherden und vereinzelt auch Bluteinatmungsherden fleckenförmig durchsetzt. Die kleinen Luftröhrenäste enthalten etwas flüssiges Blut. Die kleinen Lungenschlagaderäste sind frei. Das Lungenfell spiegelnd und glänzend.
Im Herzbeutel kein fremder Inhalt.
Das Herz größer als die Leichenfaust. Die Kammerwände gewöhnlich dick. Die Herzklappen zart und schlussfähig. Die Herzkranzgefäße zart und gut durchgängig. Das Herzfleisch grau-rot. Aorta und Lungenschlagader sind frei.
Im Bauchraum etwas Blut, mehrere Esslöffel voll.
Die Leber grobschollig zertrümmert, wobei nahezu zwei Drittel der Leber nur noch als zertrümmerter Gewebsbrei vorliegen.

Das Lebergewebe ansonsten blass, grau-gelb, offenbar leicht verfettet.
Die Gallenblase und Galle ableitende Wege frei.
Die Milz zeigt einen 2 cm langen Einriss.
Die Nebennieren sind schmal; die Rinde ist fettreich, das Mark silbergrau.
Die Nieren sind gewöhnlich groß, oberflächig glatt, dunkelgrau-rot. Die Rinden-Markgrenze ist erkennbar.
Die ableitenden Harnwege sind frei. Die Harnblase zerrissen und leer. Die Blasenschleimhaut ist unauffällig.
Gebärmutter, Eierstöcke und Scheidenschleimhaut sind regelrecht, altersentsprechend, kein Hinweis auf Menstruation oder Schwangerschaft.
Der Magen ist mittelweit, enthält etwas bräunliche Flüssigkeit. Tablettenreste sind nicht wahrzunehmen. Die Schleimhaut ist unauffällig.
Die Bauchspeicheldrüse ist grau-rot, grob gelappt.
Dünn- und Dickdarm sind nach Form, Lage, Inhalt und Wandbeschaffenheit unauffällig.
Es finden sich am Skelett außer den schon erwähnten Brüchen im Schädelbereich Serienrippenbrüche beidseits, wobei rechtsseitig die 1.–12. Rippe zum Teil bis zu dreifach gebrochen sind. Hier Brüche paravertebral, in der hinteren Schulterblattlinie in der vorderen Achsellinie. Linksseitig ebenfalls Brüche aller Rippen in der Achsellinie. Die Schoßbeinfuge ist breitflächig aufgesprengt. Das linke Pfannendach ist gebrochen, der Oberschenkelkopf ist durch das Pfannendach durchgestaucht. Rechts und links finden sich Bruchspalten im Bereich der Beckenschaufel.
An der Wirbelsäule ist der 11. Brustwirbel gebrochen. Rechts Verrenkung im Ellbogengelenk. Rechts ist der Oberschenkel knapp oberhalb dem Kniegelenk quer gebrochen. Links Zertrümme-

rung im Kniegelenksbereich der Gelenksenden von Schien- und Wadenbein kleinschollig. Links Querbruch des Oberarmknochens in Schaftmitte.
Co-Hb spektroskopisch negativ.
Doppelmesserschnitt der Lunge zeigt keine Fetteinschwemmung.
Urämieprobe negativ.
Asserviert wurden: Blut auf DNA und Alkohol, Blut Gehirn, Leber für chemische Analyse, Organscheiben aus Herz, Leber, Niere und Lunge für allfällige histologische Untersuchung. Das Gebiss wurde ausgebaut und wird morgen fotografiert werden.

Beschreibung der Zähne:
Die Zähne wurden nunmehr gereinigt und etwas mazeriert. Im Unterkiefer befinden sich links 7 Zähne, alle unauffällig, rechts 8 Zähne, d. h. der hinterste Zahn ist durchgebrochen, der Weisheitszahn, der 7er hat eine Amalgamfüllung und ein kleines Goldinlay. Oberkiefer: Rechts 8 Zähne, links 7 Zähne vorhanden, der 6er hat hier an der dem 7er zugewandten Seite eine kleine zahnärztlich versorgte Stelle.

Das Aufgebotsverfahren

DEN RECHTLICHEN STATUS einer abgängigen Person regelt in Österreich das Todeserklärungsgesetz (in Deutschland das Verschollenheitsgesetz). Laut dem österreichischen TEG (Abschn. 1, §§ 3 und 9) kann eine aus dem alltäglichen Leben verschollene Person (also ein ziviler Vermisster, im Gegensatz zu einem Kriegsvermissten) im sogenannten Aufgebotsverfahren für tot erklärt werden, wenn seit dem Ende des Jahres, in dem der Verschollene nach den vorhandenen Nachrichten noch gelebt hat, zehn Jahre (oder, wenn der Verschollene zur Zeit der Todeserklärung das achtzigste Lebensjahr vollendet hätte, fünf Jahre) verstrichen sind. Vor dem Ende des Jahres, in dem diese Person das fünfundzwanzigste Lebensjahr vollendet hätte, ist es nicht zulässig, einen Vermissten für tot erklären zu lassen. Als Zeitpunkt des Todes ist der festzustellen, der nach dem Ergebnis der Ermittlungen am wahrscheinlichsten ist.

Ausgangssituation und Allgemeines zur Abgängigenfahndung

DIE THEMATIK der abgängigen Personen, umgangssprachlich auch »Vermisste« genannt, wurde national und international bisher vorwiegend aus dem Blickwinkel des operativen Fahndungsgeschehens und hier auf den Einzelfall fokussiert betrachtet.

In Österreich sind die Polizeiinspektionen, Landeskriminalämter und das Bundeskriminalamt mit der Fahndung nach abgängigen Personen befasst. Abhängig von den Umständen des Verschwindens, einer möglichen Motivlage sowie dem Alter der vermissten Person sehen sich die zuständigen Ermittlungseinheiten bei den Such- und Ermittlungsmaßnahmen unterschiedlichen rechtlichen Befugnissen, erforderlichen Kooperationen mit weiteren involvierten Dienststellen, Organisationen und NGOs und nicht zuletzt mit einer hohen Erwartungshaltung verzweifelter Angehöriger und der Bevölkerung konfrontiert. Vor allem die Bearbeitung von Abgängigkeiten Minderjähriger erfordert polizeiliches Fachwissen und hohe Sozialkompetenz im Umgang mit dem familiären Umfeld.

Außerdem sind heute verstärkt Einflussfaktoren wie die Entwicklung des Telekommunikations- und IT-Sektors, der Wegfall von Grenzkontrollen und die erhöhte Mobilität von Menschen bei der Fahndung nach Abgängigen miteinzubeziehen.

Daher wurde auch international, insbesondere durch Initiativen in der Europäischen Union, das Thema »Abgängigkeit« in den Vordergrund gerückt. Die analytische Aufbereitung von Falldaten vermisster Kinder und Jugendlicher ist ein wesentliches Anliegen der EU. Die Vernetzung aller mit dem Verschwinden von Kindern und Jugendlichen befassten Behörden (Polizei, Jugendwohlfahrt) und sonstigen Organisationen ist ebenfalls einer der Schwerpunkte.

Auch in Österreich hat sich die Polizei verstärkt diesem Thema gewidmet und eine Analyse des national und international bestehenden Informations- und Maßnahmenmanagements bei vermissten Personen, Motiv- und Ursachenforschung, Datenmanagement, Angehörigenbetreuung usw. veranlasst. Dieses Wissen und Know-how wurde nun mit 1. September 2013 im Kompetenzzentrum für abgängige Personen (KAP) gebündelt. Organisatorisch ist es in der Abteilung für internationale Polizeikooperation im Bundeskriminalamt eingerichtet. Drei Spezialistinnen und Spezialisten werden in dieser Einheit, die vor allem als Drehscheibe agiert, arbeiten.

Österreichisches Kompetenzzentrum für abgängige Personen – ein Interview

GESPRÄCH MIT Frau Mag. Regine Wieselthaler-Buchmann, Ministerialrätin und Abteilungsleiterin für internationale Polizeikooperation und Fahndung im Bundeskriminalamt Österreich.

AUTOR: Frau Mag. Wieselthaler-Buchmann, mit 1. September 2013 wurde im Bundeskriminalamt Österreich das Kompetenzzentrum für abgängige Personen (KAP) etabliert. Diese Institution soll als internationale und nationale Drehscheibe für Wissenstransfer und Maßnahmenmanagement dienen. Was genau ist darunter zu verstehen?

MAG. WIESELTHALER-BUCHMANN: Mit diesem Kompetenzzentrum ist es uns gelungen, eine Drehscheibe zu schaffen, die uns einerseits die zahlreichen Facetten der Abgängigkeiten besser analysieren lässt und es uns andererseits ermöglicht, die für die Fahndung nach Abgängigen erforderlichen Maßnahmen zu verbessern.

Das Entscheidende ist, dass es sich bei diesem Kompetenzzentrum um ein nicht auf den operativen Einzelfall ausgerichtetes Referat handelt. Das heißt: Sinn und Zweck ist es nicht, Ermittlungen zu führen, sondern vielmehr all die erforderlichen Rahmenbedingungen zu schaffen, die zur erfolgreichen Fahndung von Abgängigen notwendig sind.

AUTOR: Meines Wissens nach haben gerade Sie sich mit dem Projektteam KAP sehr engagiert der Entwicklung dieses Referates gewidmet und können nun stolz auf das Ergebnis blicken. Ich denke aber, und das kenne ich vor allem aus meiner eigenen Erfahrung, dass es nicht immer leicht war, all die vielseitigen Aufgabenbereiche aufzuarbeiten und zu beleuchten. Meine persönliche Kritik gilt immer noch den Personen, die dem Vernehmen nach die Abgängigenfahndung als eher minderwertigen Aufgabenbereich ansehen.

MAG. WIESELTHALER-BUCHMANN: Das Thema »Abgängigenfahndung« ist in der Tat ein sehr sensibles und es war natürlich nicht immer einfach. Klar musste sein, dass der Aufgabenbereich des KAP nicht in der Ermittlung, sondern vielmehr in der Gestaltung von Rahmenbedingungen und Strukturen, der Erstellung von Lagebildern, schlicht in der Gewährleistung eines Wissensmanagements und eines Qualitätsmanagements zu liegen hat. Ein weiterer wichtiger Faktor sollte auch die Erarbeitung von Präventionsmaßnahmen sein.

AUTOR: Wie ist das nun alles zu verstehen, vor allem für den Laien?

MAG. WIESELTHALER-BUCHMANN: Im Klartext soll das heißen, dass es den ermittelnden Polizeidienststellen und Behörden in ganz Österreich mit Hilfe des KAP leichter fallen soll, erfolgreich zu sein. Um das zu erreichen, ist es zum Beispiel wichtig, österreichweit einheitlich unterstützende Maßnahmen einzuführen, um den ermittelnden BeamtInnen bestmöglich Hilfestellung zu geben. Beleuchten wir doch noch einmal die Erstattung einer Abgängigkeitsanzeige: Sie ist auf jeder Polizeidienststelle in ganz Österreich möglich. Das bedeutet, dass auch jede Polizistin/jeder Polizist in Österreich in die Lage kommen kann, diesbezüglich amtshandeln zu müssen. Faktum ist aber, dass – zum Glück – diesbezügliche Anzeigen nicht massenhaft erstattet werden. Daher mangelt

es den BeamtInnen aber oft an Sicherheit und Routine, zur richtigen Zeit die richtigen Fragen zu stellen. Daher plädieren wir hier für fortlaufende Schulungsmaßnahmen und sind im Begriff, eine Checkliste zu erarbeiten, die – analog der eines Piloten im Flugzeug – bei Erstattung einer Abgängigkeitsanzeige abzuarbeiten ist. Diese Checkliste können wir den BeamtInnen auch über das Informationsboard des Bundeskriminalamtes, den »Kriminalistischen Leitfaden«, elektronisch zur Verfügung stellen. Wir wissen, dass all jene Informationen, die wir unmittelbar nach Erstattung einer Anzeige erhalten, die wichtigsten für ein effektives Handeln sind. Zum Beispiel muss die Befragung von Auskunftspersonen rasch erfolgen, um Erinnerungslücken zu vermeiden. Lebensrettende Maßnahmen im Anschluss an eine Selbstmordabsicht können nur dann Erfolg haben, wenn diese Selbstmordabsicht rechtzeitig erkannt wird. Mit den richtigen, gezielten Fragen ist das möglich.
In gleicher Weise möchten wir aber auch all jenen, die Abgängigkeitsanzeigen erstatten, eine Hilfestellung geben. Uns ist klar, dass aufgrund der enormen Stresssituation und Angst vor einem Unglück in den ersten Minuten vieles nicht bekannt gegeben wird. Wir wollen hier auch nach Erstattung der Abgängigkeitsanzeige mittels Checkliste dazu motivieren, nochmals in Ruhe zu Hause nachzudenken. Erfahrungsgemäß werden so im Nachhinein noch wichtige Erkenntnisse und auch Ermittlungsansätze gewonnen. Wichtig erscheint uns auch, dass die Kommunikationsstrukturen immer klar dargelegt werden, sodass Angehörige eines Abgängigen immer zu den ermittelnden BeamtInnen Kontakt halten können. Gerade der Kontakt von Anzeigenerstatter und Angehörigen zu den Ermittlern ist uns sehr wichtig.

AUTOR: Danke für den kleinen Einblick in die Rahmenbedingungen und Strukturen. Doch nun dazu: Wie schon angesprochen scheinen die Themen Wissensmanagement, Erstellung von Lagebildern und Qualitätsmanagement für den Aufgabenbereich des KAP eine besondere Wertigkeit zu haben?

MAG. WIESELTHALER-BUCHMANN: Unter Wissensmanagement verstehen wir das Sammeln und Analysieren von abgängigkeitsrelevanten Fakten wie Alter, Geschlecht, soziale Stellung, Örtlichkeit der Abgängigkeit und vieles mehr. All diese Informationen dienen als wertvolle Hinweisgeber für eine erfolgreiche Abgängigenfahndung. Die daraus gewonnenen Erkenntnisse können den ermittelnden BeamtInnen zur Verfügung gestellt werden, sodass sie schneller passende Kriterien zur aktuellen Abgängigkeit finden können.

Die Erarbeitung von Lagebildern ermöglicht eine grafische Darstellung von Problemfeldern und neu auftretenden Phänomenen. Anhand dieser Informationen können zum Beispiel besonders auffällige Gruppen plakativ veranschaulicht und Präventionsmaßnahmen ausgearbeitet werden. Auch kann das Analyseergebnis für polizeiliche Führungsebenen wichtige Entscheidungsgrundlagen bieten.

Zu erwähnen ist somit auch das Qualitätsmanagement, oder, wenn Sie so wollen, die Qualitätskontrolle. Ziel nach Erstattung einer Abgängigkeitsanzeige muss natürlich sein, den Aufenthaltsort der oder des Abgängigen so rasch als möglich zu erheben und die Umstände der Abgängigkeit bestmöglich festzuhalten. Im Rahmen des Qualitätsmanagements werden verschiedene Fälle und die jeweils angewandte Methodik professionell beleuchtet. Die hier wiederum gewonnenen Einsichten werden an die ermittelnden BeamtInnen weitergegeben.

Vergessen dürfen wir auch nicht den internationalen Aspekt – also den ständigen Erfahrungsaustausch mit anderen Ländern und NGOs.

AUTOR: Einen besonderen Bereich, so denke ich, stellt auf dem Gebiet der Abgängigenfahndung wohl die Thematik der Prävention dar. Einen speziellen Bereich deshalb, weil Vorbeugung doch in vielen Fällen schwierig bis fast unmöglich ist. Mein jetziges Aufgabengebiet umfasst den Bereich »Bekämpfung der Suchtmittelkriminalität«, und ich stelle hier auch immer wieder gewisse Ähnlichkeiten zur Problematik von Abgängigkeiten fest: Hier wie dort spielt in vielen Fällen der gesellschaftliche Hintergrund eine Rolle. Eine starke Gemeinsamkeit sehe ich im Bereich der abgängigen Minderjährigen und Jugendlichen, die in sozialen Einrichtungen untergebracht sind und auch ein besonderes »Beschäftigungspotenzial« für die Abgängigenfahndung darstellen.

MAG. WIESELTHALER-BUCHMANN: Die Prävention hat für uns tatsächlich einen sehr großen Stellenwert. Wir haben uns daher dieses Themas auch überaus intensiv angenommen und die Resultate haben gezeigt, dass exzellente Erfolge möglich sind. Dies vor allem dann, wenn sich Exekutive und Jugendwohlfahrt gemeinsam darüber Gedanken machen.

Anhand eines Beispiels kann man das mögliche Präventionspotenzial im Bereich minderjähriger/jugendlicher Dauerentweicher sehr leicht veranschaulichen. Im Falle des Bundeslandes Oberösterreich lässt sich sehr gut erkennen, wie erfolgreich beide Behörden gemeinsam sein können. Wir haben mit dem Landeskriminalamt Oberösterreich und einem Jugendwohlfahrtsheim in Linz und Bad Ischl einen Feldversuch gestartet. Dabei wurde das jeweilige Heimperso-

nal sehr intensiv über die Problematik »Abgängigkeit« informiert. Die verständnisvolle Zusammenarbeit mit der Polizei wurde dadurch auch sehr gefördert. Interessant schien aber auch das Verhalten der HeiminsassInnen. Zu Beginn zurückhaltend gegenüber der Polizei, zeigten sie doch nach und nach zunehmend wachsendes Interesse am Thema »Abgängigenfahndung«. Es stellte sich heraus, dass sich durchaus viele der jungen Menschen des ganzen Aufwandes, der durch sie ausgelöst wurde, gar nicht bewusst waren. Alles in allem fielen nach diesen Gesprächen die Abgängigkeitsanzeigen in Linz um 50 Prozent und die in Bad Ischl immerhin um 30 Prozent ab. Dies zeigt uns eindeutig, dass wir dank den engagierten involvierten BeamtInnen, die sich dem Thema »Abgängigkeit« widmeten, auf dem richtigen Weg sind.
Sehr zu hoffen ist, dass wir diese Herangehensweisen auch in den übrigen Bundesländern zur Umsetzung bringen können.

AUTOR: Ich danke Ihnen vielmals für das Gespräch und wünsche viel Erfolg für das innovative Kompetenzzentrum für abgängige Personen.

Daten und Fakten

DIE ZUSTÄNDIGKEIT des KAP erstreckt sich in erster Linie auf

- Grundlagenarbeit im Bereich von vermissten Personen
- Know-how und Wissenserkenntnis und -verbreitung
- Unterstützung und Servicierung der nationalen Polizei
- Optimierung von Prozessen
- Grundlagenforschung durch die methodisch-analytischen Auswertungen von abgeschlossenen Fällen
- Erhebung von Kennzahlen und Erstellung von Lagebildern
- Qualitätsmanagement
- Entwicklung und Umsetzung von neuen Möglichkeiten der Angehörigenbetreuung
- Erkenntnisgewinnung über Verhaltensmuster abgängiger Personen
- Vernetzung mit anderen Behörden und Organisationen im In- und Ausland
- Mitwirkung an der Entwicklung geeigneter Präventionsmaßnahmen

Zur Sicherstellung des österreichweiten Informationsaustausches und der strukturellen Einbettung des Qualitätsmanagements werden in den Landeskriminalämtern der Landespolizeidirektionen »Schnittstellen« eingerichtet.

Das KAP ist keine operative Einheit und erfüllt keine Ermittlungstätigkeit im Einzelfall. Diese Aufgabe verbleibt regional in den Ländern bei den Polizeiinspektionen und den Landeskriminalämtern. Spezielle, unaufgeklärte und länger zurückliegende Vermissten- und Kriminalitätsfälle werden im bestehenden

Referat Cold Case Management (CCM) bearbeitet, das die nationalen und internationalen Maßnahmen sowie Ermittlungen zur Aufklärung leitet und koordiniert.

Zu den Aufgaben des KAP zählen rechtliche Belange, zum Beispiel die Mitwirkung an der künftigen Rechtsgestaltung zu diesem Thema. Weiters stehen die Qualitätssicherung und die Ressourcenoptimierung im Mittelpunkt, darunter die Implementierung von IT-Applikationen und Datenbanken sowie die Mitwirkung an nationalen und internationalen Sachobjekten. Außerdem kommen neue Methoden, beispielsweise das Altersmorphing (künstliche Alterung) zur Anwendung.

Ein weiterer Schwerpunkt ist der Wissenstransfer auf nationaler und internationaler Ebene durch die Konzeption, Weiterentwicklung und Mitwirkung an einem österreichweiten Schulungskonzept, durch fachliche Wissensvermittlung auf allen Ebenen der Polizeigrundausbildung und der berufsbegleitenden Weiterbildung.

Gerade in diesem Bereich ist der nationale und internationale Austausch von besonderer Bedeutung. Die Vernetzung ist daher auch ein Hauptanliegen des KAP. Die Koordinierung der Kooperation mit internen und externen Dienststellen sowie Behörden, Institutionen und NGOs, kurz allen, die mit abgängigen Menschen zu tun haben, läuft daher hier zusammen.

Erste Schritte

WAS IST ZU TUN, wenn ein Mensch plötzlich spurlos verschwindet, ohne jemandem in seinem sozialen Umfeld eine Nachricht zu hinterlassen, wenn befürchtet wird, dass dieser Person etwas zugestoßen sein könnte?

Zuerst sei noch einmal erwähnt, dass man keine 48 Stunden warten muss, um eine Abgängigkeitsanzeige zu erstatten. Dennoch sollte es vermieden werden, übereilt zu handeln, da in so einem Fall stets ein gewaltiger Fahndungsapparat losgetreten und – was es immer wieder zu bedenken gibt – in die Persönlichkeitsrechte des vermeintlich Abgängigen eingegriffen wird.

Die Wartezeit von 48 Stunden wurde früher oftmals eingehalten, weil manche vermeintlich Abgängigen hin und wieder Pause vom Alltag machen und beispielsweise in einem Hotel übernachten. Heutzutage vermeidet man aber grundsätzlich eine Wartezeit. Es ist nach wie vor Abwägungssache seitens der zuständigen Behörde, wie schnell sie eine Fahndung einleitet – bei Erwachsenen entscheidet man von Fall zu Fall, bei Kindern und Jugendlichen werden immer sofort die erforderlichen Schritte gesetzt, ebenso dann, wenn der Abgängige Selbstmordabsichten geäußert hat oder ein Verbrechen zu befürchten ist.

Nichtsdestotrotz gilt auch hier: Lieber früher zur Polizei – hier sitzen die Experten – als zu spät.

Die Aufnahme der Daten bei einer (vermuteten) Abgängigkeit ist grundsätzlich bei jeder Polizeidienststelle beziehungsweise Sicherheitsbehörde möglich. Üblicherweise wird man die am Wohnort oder letzten Aufenthaltsort des Abgängigen zuständige Polizeidienststelle aufsuchen.

Ausnahme: Ist die gesuchte Person nicht von einer Bergtour zurückgekehrt, ist es ratsam, den Erstkontakt zur Fahndung mit der zuständigen Bergrettung herzustellen. Auch hierbei gilt: Möglichst viele Details zur abgängigen Person und die wahrscheinlich gewählte Bergroute zur Verfügung stellen. Diese Hinweise sind vorerst ausreichend für einen raschen Rettungseinsatz.

Tatsache ist, je mehr Informationen bereits am Beginn einer Abgängigkeit vorliegen, desto größer sind die Chancen auf eine erfolgreiche Fahndung. Unumgänglich ist eine möglichst exakte Personenbeschreibung mit Größenangabe, Augenfarbe, Farbe der Haare und Aussehen der Frisur, außerdem müssen eventuell vorhandene besondere Merkmale, wie etwa ein besonders auffälliges Muttermal im Gesicht, eine sichtbare Tätowierung, auffallende Zahnstellung, Brillen- oder Kontaktlinsenträger, usw. zur Kenntnis gebracht werden.

Im Optimalfall ist auch bekannt, welche Kleidung die Person zum Zeitpunkt ihres Verschwindens getragen hat. Sehr hilfreich ist außerdem ein Lichtbild des Abgängigen, das zur Verfügung gestellt werden kann, ebenso trägt es zum Erfolg bei, wenn Angaben zu Hobbys, dem Freundeskreis und Beruf gemacht werden können.

Nach Abschluss der Datenerhebung erfolgt eine Fahndungsausschreibung im EKIS und im SIS (Schengener Informationssystem) zur Ausschreibung für die Schengen-Fahndung.

Kehrt die gesuchte Person wieder zurück, ist sofort bei der Polizei- oder Sicherheitsdienststelle, bei der die Abgängigkeitsanzeige erstattet wurde, Bescheid zu geben. Wenn keine andere Möglichkeit besteht, kann diese Meldung auch an eine andere, nächstgelegene Polizei- oder Sicherheitsdienststelle erfolgen.

Information und Hilfe für Betroffene

Möchte man neben der polizeilichen Fahndung auch selbst aktiv werden, ist es möglich, neben Aufrufen in Printmedien, im Radio oder im TV auch Bilder der abgängigen Person auf diversen Seiten ins Netz zu stellen. Es ist aber ratsam, diesbezügliche Maßnahmen nur mit Rücksprache der Polizei durchzuführen.

Es muss auch darauf hingewiesen werden, dass bei ungerechtfertigten Suchaufrufen in den Medien der (vermeintlich) Abgängige sofort oder auch zu einem späteren Zeitpunkt rechtliche Schritte gegen den Verantwortlichen der medialen Fahndung einleiten kann.

Die aktuellen Fahndungen auf der Homepage des österreichischen Bundesministeriums

http://www.bmi.gv.at/fahndung

Suchseiten für vermisste Kinder/Personen in Deutschland

http://www.vermisste-kinder.de
http://www.wir-suchen-dich.de
http://duwirstvermisst.de

Suchseite für vermisste Kinder in der Schweiz

http://www.spurlos.ch

Europaweite und internationale Suche nach vermissten Kindern/Personen

http://www.kinder-nach-hause.de

http://kindervermisstabernichtvergessen.blogspot.com
http://vermisste.wordpress.com
http://i-psp.de
http://www.gesuchte-kinder.de/international.php

Interessante Seiten für die Suche nach vermissten Kindern mit Selbsthilfetipps und weiterführenden Links
http://www.wiesonur.de/missing.htm
International Police Association (IPA), Sektion Österreich: http://www.ipa.at/archive/missing.htm

Suche nach Kriegsvermissten
Österreichisches Rotes Kreuz: http://www.roteskreuz.at/berichten/magazin/rotkreuzfactbook/vermisst
Österreichisches Schwarzes Kreuz: http://www.osk.at

Mantrailing (Suche mit Hilfe von Spurensuchhunden)
http://www.mantrailing.at

Wichtiger Hinweis: Kleidungsstücke des Abgängigen, die dieser getragen hat und die noch nicht gewaschen wurden, dürfen von niemandem berührt werden außer vom Trainer, bevor sie dem Suchhund zugänglich gemacht werden! Es können auch andere Gegenstände, für die dasselbe gilt, verwendet werden.

Therapeutische Hilfe für Angehörige vermisster Personen in Österreich
http://www.oent.at
http://www.emdr-netzwerk.at/index.php/therapeutinnen.html

Hilfe von Detekteien

Erfolgversprechend bei Abgängigenfahndungen kann auch die Zuhilfenahme von Detekteien sein. Warum? Weil Fahndungsmaßnahmen nach Abgängigen grundsätzlich sehr viele Ressourcen benötigen. Detekteien sind in der Lage, die Polizeiarbeit hilfreich zu unterstützen. Recherchen können von den Mitarbeitern dieser Dienstleister mitunter auch wesentlich intensiver geführt werden. Allerdings sollte das Vorgehen beider Fahndungsapparate aufeinander abgestimmt sein.

Quellen

Stand aller angegebenen Internetseiten ist September 2013.

»Kinderschutz«, Fachgespräch mit Innenministerin Maria Fekter am 12. Februar 2009, BM.I

Madea, Burkhard: Praxis Rechtsmedizin. Befunderhebung, Rekonstruktion, Begutachtung, Wien, München, New York 2007

Tozzer, Kurt; Kallinger, Günther: Spurlos, Wien 2003

http://aviation-safety.net/investigation/cvr/transcripts/cvr_ng004.php

http://burgenland.orf.at

http://europa.eu/geninfo/atoz/de/index_1_de.htm

http://natascha-kampusch.at.s3.amazonaws.com/wp-content/uploads/2013/02/130218_nk_jauch1.pdf

http://noev1.orf.at/stories/272093

http://www.bmi.gv.at/cms/EU__Engagement/agenturen/Europol.aspx

http://www.heute.at

http://www.jusline.at

http://www.richtervereinigung.at/justiz12a.htm

http://www.rtl.de/cms/news/punkt-12/katja-trifft-das-exklusive-interview-mit-natascha-kampusch-2c139-9851-17-1425655.html

https://www.europol.europa.eu

https://www.help.gv.at/Portal.Node/hlpd/public/content/297/Seite.2970010.html

Eine Reise in die Abgründe der weiblichen Seele

Eine betrogene Frau, die ihren Partner innig küsst und ihm eine Zyankalikapsel in den Mund schiebt.
Eine Köchin, die ihren Peiniger mit einer Hundeleine erdrosseln will.
Eine vierzigjährige, als friedfertig geltende Ehefrau, die ihren Mann stranguliert und dann erschlägt.

Sind Frauen die besseren Mörder? Sie töten raffinierter, kreativer und entschlossener, aber sie sind nicht böser als Männer. Sie töten aus Hass, Liebe, Eifersucht, Barmherzigkeit. Wenn Frauen töten, haben sie meist eine lange Opfer-Täter-Geschichte, z. B. durch sexuellen Missbrauch oder häusliche Gewalt, hinter sich. Familie und Beziehung sind die häufigsten Tatorte.
Gerichtspsychiaterin Dr. Sigrun Roßmanith gibt Einblick in die spannendsten ihrer mehr als 3000 Fälle: filmreife Mordgeschichten und außergewöhnliche Täterinnen. In diesem Buch beleuchtet sie die dunkle Seite der Frau.